Gail Pheterson
Huren-Stigma

Gail Pheterson

Huren-Stigma
Wie man aus Frauen Huren macht

Aus dem Amerikanischen
von
Helga Bilitewski

Galgenberg

Die Anmerkungen zur Einführung und zu Teil I sind zusammengefaßt, ebenso die zu Teil II und zur Schlußfolgerung.

CIP-Titelaufnahme der Deutschen Bibliothek
Pheterson, Gail:
Huren-Stigma:
wie man aus Frauen Huren macht / Gail Pheterson.
Aus dem Amerikan. von Helga Bilitewski.
- 1. Aufl. - Hamburg: Galgenberg 1990
Einheitssacht.: Female dishonor and male unworthiness ‹dt.›
ISBN 3-925387-64-1

© 1990 by Verlag am Galgenberg, Mohlenhofstraße 3,
2000 Hamburg 1
Published by arrangement with The Seal Press, Seattle
© by Gail Pheterson
Titel der Originalausgabe: Female dishonor and male
unworthiness
Aus dem Amerikanischen von Helga Bilitewski
Lektorat: Ursula Hien
Titelgestaltung: Johannes Nawrath unter Verwendung eines
Motives von Elvira Bach
Satzherstellung: Axel Eiling, Oberkaufungen
Gesetzt aus der Garamond
Druck und Bindung: Ebner Ulm
1. Auflage März 1990
ISBN 3-925387-64-1

Inhaltsverzeichnis

Vorwort 7
Einführung 10

Teil I
Sind Frauen, die als Prostituierte arbeiten, Huren?

Bilder von der Hure 15
Sie treibt es wahllos mit jedem 16
Ohne Beischlaf tut sie es nicht 18
Bilder von der ehrlosen Hure,
dem unwürdigen Freier und Zuhälter 19
Richter werfen ihnen Paragraphen zwischen die Beine 20
Die öffentliche Meinung distanziert sich 25
Psychologen behaupten: Die sind doch alle neurotisch ... 35
Strategie der radikalen Ideologen: Huren bessern,
Zuhälter bestrafen, Freier entmutigen 44
Zusammenfassung 49
Anmerkungen 50

Teil II
Sind alle Frauen Huren?

Bilder der Unkeuschheit 57
Die sexuell autonome Frau 59
Keuschheitsregeln und Reinheitsgebot 66
Rassismus 68
Antisemitismus 70
Klassenunterdrückung 72
Jungfrau oder Hure 75
Bloß nicht auffallen oder: Was zuviel ist, ist zuviel! ... 85
Nur eine einfache Frau ist eine gute Frau 89
Zusammenfassung 91
Schlußfolgerung 93
Anmerkungen 96
Anhang: Weltcharta für die Rechte der Prostituierten . 101

Vorwort

Solide oder Hure
Frau bleibt Frau!

Widersprüchlich und anscheinend unvereinbar;

Allen Frauen scheint es in die Wiege gelegt,
Verpflichtung zum ständigen Kampf:

Ist sie nun so eine...?
oder so eine...?
macht sie dieses...?
oder jenes...?

Egal, was frau auch macht,
falsch ist es eh!

Heilige oder Hure!

Trotz allgemeiner Liberalisierung, jahrelangen Geschlechterkampfes und sexueller Revolution im Zusammenhang mit dem erstarkten Feminismus in der zweiten Hälfte unseres Jahrhunderts sind Sex und Sexualität ein Tabubereich geblieben. Über sie darf weder gesprochen, geschweige denn, daß sie gelebt werden dürfen. Kein anderes Thema in unserer Gesellschaft ist so geprägt von starren Werten und moralischen Werturteilen.

Das Buch von Gail Pheterson, das sich hauptsächlich auf die holländischen und US-amerikanischen Verhältnisse stützt, die aber im wesentlichen den Lebens- und Arbeitsbedingungen von Prostituierten in Deutschland entsprechen, zeigt erstmals die Gemeinsamkeiten zwischen Prostituierten und sogenannten soliden Frauen auf:

Ihr Aussehen,
ihr Auftreten und
ihr Leben

veranlassen Männer zu unterschiedlichsten Phantasien, Beurteilungen, Verurteilungen und Etikettierungen. Das Huren-Stigma haftet jedoch keineswegs allein Huren an, darunter hat jede Frau zu leiden, wenn sie beispielsweise zuviel mit dem Hintern wackelt, Männer zu freundlich anlächelt, zu selbständig ist, sich zu viele Freiheiten herausnimmt und zu weit in Männern vorbehaltene Bereiche eindringt oder sich nicht an die traditionellen Frauenrollen hält: Ehefrau - Mutter - Hausfrau.

Dabei leiden Frauen und Männer gleichermaßen unter der verlogenen Doppelmoral und der festgelegten Rollenzuweisung:
— Welcher Partner ist dem anderen schon »bis zum Tode« treu?
— Wer unterliegt nicht von Zeit zu Zeit dem Verlangen nach einem Seitensprung oder einem Abenteuer?
— Ganz zu schweigen von den Reizen des käuflichen Sexes, der sowohl große Auswahlmöglichkeiten als auch pures Vergnügen ohne Verpflichtung beinhaltet.

Warum insbesondere Männer so große Schwierigkeiten haben, öffentlich und privat zu ihrer Sexualität zu stehen, hat uns in HYDRA, einem Berliner Prostituiertenprojekt, schon oft beschäftigt. Und das besonders seit dem Auftreten der Immunschwäche AIDS hier in der BRD, wo es innerhalb der Prävention darum geht, allen Menschen - Männern und Frauen - deutlich zu machen, wie man sich und andere vor HIV schützen und eine Ausbreitung der Krankheit verhindern kann. Nun schien auch die Zeit reif geworden zu sein, über Sex und Sexualität zu reden; und unsere jahrelangen Behauptungen wurden ernst genommen:

> Fast jeder Mann hat Erfahrungen mit
> Prostituierten, hat zur Erfüllung seiner
> sexuellen und sonstigen Wünsche ein- oder
> auch mehrmals Prostituierte aufgesucht,
> gibt jedoch fast nie zu, daß er FREIER
> oder Gast von Prostituierten ist/war und
> kann somit auch nicht zum Objekt von
> AIDS-Aufklärungskampagnen werden.

Das verstehen wir nicht, denn:

In der BRD arbeiten schätzungsweise 400.000 Prostituierte. Geht man davon aus, daß jede Frau pro Tag drei Kunden hat, heißt das, daß täglich 1,2 Millionnen Männer Prostituierte aufsuchen. Diese Zahl kann man natürlich nicht mit 365 Kalendertagen hochrechnen - Feiertage und Urlaub sind zu berücksichtigen, manch eine Frau arbeitet nur wenige Tage im Jahr, und Doppelzählungen der Männer sollen auch vermieden werden -, aber sie mit 10 Tagen zu multiplizieren, scheint als Minimalansatz realistisch. Demnach gibt es in der Bundesrepublik: 1,2

Millionen x 10 Tage = 12 Millionen Freier. Knapp 60 Millionen Einwohner hat die BRD zur Zeit, und die Hälfte davon sind schätzungsweise Männer, also ungefähr 30 Millionen, wovon sich ca. 16 Millionen Männer derzeit im geschlechtsaktiven Alter befinden - Kinder und alte Menschen ausgeschlossen. Stellen wir diese beiden Zahlen 12 Millionen Freier und 16 Milionen Männer im geschlechtsaktiven Alter einander gegenüber, so müssen wir sagen, daß es sich bei drei von vier Männern um Freier handelt. (Schwule bleiben bei diesem Zahlenbeispiel unberücksichtigt.)

Wir haben es also mit einer weitaus größeren Anzahl von Männern als Prostituierten zu tun, mit Männern, die Gesetze erlassen und ausführen, die Politik und Wirtschaft und die gesellschaftlichen Werte bestimmen, Macht und Einfluß haben, aber aufgrund ihrer Doppelmoral nicht zu ihrer Sexualität stehen können und nicht zugeben wollen, daß sie zu Prostituierten gehen.

Weiter fragen wir uns, warum Männer Prostituierte so wenig in ihren Forderungen nach Anerkennung ihres Berufes und Abbau der gesellschaftlichen und rechtlichen Diskriminierung unterstützen, wo sie doch in so großer Zahl ständig ihre Dienste in Ansprucgh nehmen.

Das vorliegende Buch trägt hoffentlich zum Verständnis und zur gegenseitigen Unterstützung zwischen Soliden und Huren sowie zur Veränderung der Doppelmoral bei.

Stephanie Klee, Hydra Berlin
Februar 1990

Einführung

Prostituierte gehören zu den am meisten zum Schweigen gebrachten Gruppen der Gesellschaft. Dieses Buch soll ihnen eine Stimme verleihen, ihr Leben realistisch darstellen und das Stigma, das sie zum Schweigen bringt, analysieren. Außerdem soll es den Zusammenhang zwischen der Unterdrückung von Prostituierten, von Frauen im allgemeinen und der Unterdrückung anderer gesellschaftlicher Gruppen aufzeigen.

Während der letzten Jahre befaßten sich holländische Politiker mit einer Novellierung der Prostitutionsgesetze, um Hindernisse, die den Rechten von Prostituierten, der Stadtplanung und der Zufriedenheit der Bevölkerung im Wege stehen, zu beseitigen. Auf nationaler Ebene konzentrierte sich die Aufmerksamkeit auf das Bordellverbot (Paragraph 250 f), ein Gesetz, das die Organisatoren von Prostitutionsbetrieben kriminalisiert. In der Realität werden Prostitutionsbetriebe in den Niederlanden aber weitgehend toleriert. Dieser Unterschied zwischen Gesetzgebung und Praxis wurde bei zwei Konferenzen angesprochen.[1] Dort wurde dargestellt, wie heuchlerisch und undurchsetzbar gesetzliche Verbote sind und daß sie für weibliche Prostituierte Gefahren und Diskriminierungen mit sich bringen.

Derzeit berät das holländische Parlament über einen Antrag auf Abschaffung des Bordellverbots. In Erwartung einer landesweiten Entkriminalisierung entwerfen Gemeinderäte bereits gewerbliche Grundlagen für die legale Ausübung der Prostitution. Auch auf regionaler Ebene werden Verordnungen zur Regelung von Toleranzzonen für die Straßen- und Fensterprostitution überprüft. Diese Überprüfung wurde aufgrund von Bürgerprotesten in verschiedenen Städten über die dort sichtbare Prostitution veranlaßt. Als Antwort auf die landesweiten Diskussionen gab die holländische Regierung folgende Grundsatzerklärung heraus: »Mit Rücksicht auf das Recht der Frauen auf psychische und physische Unversehrtheit und sexuelle Selbstbestimmung müssen Frauen die Freiheit haben, sich für die Prostitution als Beschäftigung zu entscheiden oder nicht zu entscheiden.«[2] In der Erklärung heißt es weiterhin, daß die Unversehrtheit von Frauen verletzt wird, wenn sie *gezwungen* werden, als Prostituierte zu arbeiten. Außerdem wird festgestellt, daß das Bordellverbot, obwohl es ursprünglich erlassen wurde, um Prostituierte zu schützen, sich als Nachteil für sie erwiesen habe, da es sie hindere, rechtmäßige Verträge abzuschließen oder die Vorteile von Angestellten in Anspruch zu nehmen. Neben den dringend notwendigen rechtlichen Veränderungen wird auf die Tabus und die Isolation aufmerksam gemacht, die das Wohl der Prostituierten untergraben. Aufgrund dieser Grundsatzerklärung verpflichtete sich das Ministerium für Arbeit und Soziales, Selbsthilfeinitiativen von Prostituierten zu unterstützen. Die bedeutendste Initiative war die Gründung der Prostituiertenorganisation ›Der Rote Faden‹ und der feministischen Solidaritätsgruppe ›Der Rosa Faden‹. Diese Veröffentlichung entstand im Austausch mit diesen Basisorganisationen, und sie setzt das Recht der Prostituierten auf Integrität und Selbstbestimmung als selbstverständlich voraus.

In Westeuropa, Nordamerika und Südostasien gibt es ähnliche Diskussionen und Bemühungen um eine Neubewertung der Prostitution. Die Aufmerksamkeit richtete sich bisher meistens auf ökonomische, rechtliche und politische Zusammenhänge rund um die Prostitution. Diese Untersuchung konzentriert sich auf sozialpsychologische Zusammenhänge. Eine rechtliche Veränderung mag notwendig sein, aber sie reicht nicht aus, um die Verletzungen der Rechte von Prostituierten zu verhindern. Diese Rechtsverletzungen haben ihren Ursprung sowohl in der Stigmatisierung als auch in der Unterdrückung und Kriminalisierung von Prostituierten. Die Stigmatisierung von Prostituierten als Huren ist das Thema dieses Buches.

Das Huren-Stigma ist ein tiefreichender sozialpsychologischer Unterdrückungsmechanismus, der sich explizit gegen weibliche Prostituierte richtet und implizit die Sozialisation aller Menschen beeinflußt. Daher steht hier nicht die Persönlichkeit der Prostituierten oder die Dynamik des kommerziellen Sexes im Vordergrund, auch nicht so sehr die Analyse der Prostituierten-Subkultur, sondern vor allem die der herrschenden Kultur. Die Hure lenkt den Blick auf das Problem, aber sie umfaßt es nicht. Ziel dieser Arbeit ist die Untersuchung tief verwurzelter Haltungen, die den Mißbrauch von Prostituierten und anderen als Huren bezeichneten Frauen rechtfertigen und fortsetzen.

Die Ausführungen beschränken sich auf die Situation in Westeuropa und Nordamerika. Die meisten Angaben stammen aus Gesprächen mit Prostituierten, die im Lauf von drei Jahren während der gemeinsamen politischen Organisierung stattfanden.

Die Lektüre historischer, soziologischer, anthropologischer und psychologischer Literatur lieferte zusätzliche Informationen. Die Aussagen der Prostituierten stehen eindeutig im Mittelpunkt. Doch die Aussagen anderer stigmatisierter Frauen bestätigen diese allgemeine Stellung von Prostituierten und Nicht-Prostituierten.

Die Gliederung ergibt sich aus den ›offiziellen‹ Definitionen des Wortes »Hure«. Teil I befaßt sich mit den Definitionen, die sich speziell auf weibliche Prostituierte, ihre Freunde oder Geschäftspartner beziehen. Teil II hinterfragt die Definition, die sich auf jede Frau und manche Männer bezieht, die von Keuschheitsnormen abweichen. Schlußfolgerungen und Empfehlungen für zukünftige Studien und Handlungsschritte werden die Ausführungen abschließen.

Teil I

Sind Frauen, die als
Prostituierte arbeiten, Huren?

Bilder von der Hure

Die Begriffe »Hure« und »Prostituierte« haben die gleiche Bedeutung. Diese Grunddefinition erscheint in diversen Lexika. Und eine Prostituierte ist eine Frau, die ihren Körper wahllos zum Geschlechtsverkehr oder zu ähnlichem anbietet, heißt es im *Concise Oxford Dictionary*. Außerdem wird Prostituieren als Verb definiert: Sich prostituieren heißt, seine Ehre für niedere Vorteile zu verkaufen oder seine Fähigkeiten für schändliche Zwecke einzusetzen. Andere Lexika erwähnen Männer[3] bei der Definition des Substantives erst an zweiter Stelle und betonen bei der Definition des Verbes besonders die »Schande«, die mit der Unehre verknüpft ist, sowie die »Unwürdigkeit« und »Verwerflichkeit«, die den schändlichen Zwecken anhaften. Das Substantiv bezeichnet eindeutig eine Person, vor allem eine Frau, die heterosexuellen Sex, besonders Geschlechtsverkehr, für Geld anbietet; das Verb bezeichnet die Handlung einer Person, die nicht sexueller Art sein muß, aber für nicht zu empfehlende Zwecke ausgeübt wird. Diese Interpretationen entsprechen wahrscheinlich den Ansichten der Allgemeinbevölkerung, nur vermischen viele Menschen die zweite Definition mit der ersten. Dann wird aus der Prostituierten nämlich eine Frau, die ihre Ehre verkauft, indem sie ihren Körper für niedere Vorteile oder für eine unwürdige Handlung, insbesondere den Geschlechtsverkehr, anbietet.

Die folgende Erörterung beginnt mit einem Vergleich der Substantivdefinition des Lexikons mit dem tatsächlichen Verhalten von Prostituierten. Da eine Hure – laut Wörterbuch – eine Prostituierte ist, werden beide Wörter in diesem Text abwechselnd benutzt. Das wirkliche Leben von Huren soll beschrieben werden, um sowohl die ›offiziellen‹ Definitionen als auch die landläufigen mit der Wirklichkeit zu vergleichen. Es gibt viele Gründe, die Realität der Prostitution aufzudecken. Nicht-Prostituierte sind dazu erzogen worden, über keine sexuellen Informationen oder Fertigkeiten zu verfügen, nicht über Sex zu sprechen, niemals Geld zu fordern und nicht mit Huren zu verkehren. Ein Erfahrungsaustausch über die finanziellen und sexuellen Gepflogenheiten von Prostituierten mit Nicht-Prostituierten stellt sowohl diese Erziehung als auch die Spaltung, die den Frauen dadurch aufgezwungen wird, und die normative Annahme von der sexuell und finanziell abhängigen Frau in Frage.

Sie treibt es wahllos mit jedem

Nach Aussagen von Huren in Westeuropa und Nordamerika[4] sind die Wörter »wahllos« und »Geschlechtsverkehr« begriffliche Ungenauigkeiten. Viele Prostituierte halten das Recht, die Wahl des Kunden selbst zu bestimmen, für einen wesentlichen Bestandteil in ihrem Gewerbe. Die Arbeitsbedingungen werden sogar häufig nach der Möglichkeit, die Kundschaft auszuwählen, beurteilt. Es ist wahr, daß eine große Zahl von Prostituierten keine oder wenig Wahlmöglichkeiten hat. Die Wahllosigkeit wird von Huren jedoch eher als Verstoß gegen ihre Sicherheit und als Verletzung ihrer Rechte betrachtet denn als charakteristischer Bestandteil der Prostitution. Eine Fensterhure in Amsterdam sagte: »Hinter meinem Fenster kann ich die Männer im Straßenspiegel kommen sehen, ehe sie mich sehen. Ich kann sie mir gut anschauen und mit ihnen alle Verhandlungen durch das Fenster führen, ehe ich meine Tür öffne. Ich kann jeden ablehnen. Das ist mein Recht und meine Sicherheit.« Eine andere holländische Hure widersprach: »Ja, im Fenster hast du die Wahl, aber es nimmt dir auch die Anonymität. Ich könnte niemals so öffentlich dasitzen. Ich habe immer in Clubs gearbeitet. Da gibt es kein Recht, jemanden abzulehnen - oft nicht einmal das Recht, Kondome zu benutzen -, aber zumindest habe ich meine Anonymität.«

Der bei einem Hurentreffen von ungefähr dreißig anschaffenden Frauen aufgestellte Forderungskatalog führt das Recht auf Ablehnung von Kunden in allen Arbeitsbereichen als Priorität auf. Viele Huren empfahlen, jeden Kunden abzulehnen, der
1) betrunken ist,
2) nicht bereit ist, beim Vaginal-, Oral- und erst recht beim Analverkehr ein Kondom zu benutzen,
3) grob ist,
4) an jemanden erinnert, mit dem sie in der Vergangenheit schlechte Erfahrungen hatten,
5) nicht im voraus bezahlen will,
6) intuitiv als gewalttätig empfunden wird,
7) auf Handlungen besteht, die man nicht ausführen will, oder
8) nach der körperlichen Untersuchung einer Geschlechtskrankheit verdächtigt wird.

Eine Hure aus den Vereinigten Staaten sagte: »Wenn ich bei einem Kerl auch nur die geringsten Bedenken habe, lehne ich ihn ab.« Eine andere Hure aus Kanada räumte jedoch ein: »Vor Jahren konnte ich mich total auf meine Intuition verlassen. Seit ich jetzt mehr in Geldnot bin, nehme ich die Gefahrensignale nicht mehr so gut wahr. Ich bin zu sehr auf sein Geld angewiesen.« Neben dem Mißbrauch durch Dritte (z.B. fehlende Ablehnungsrechte in Clubs) wird der größte Druck zur Wahllosigkeit eindeutig durch die finanzielle Not bedingt. Bei vielen Tätigkeiten wird die Freiwilligkeit, eine bestimmte Arbeit zu machen, bekanntermaßen sowohl durch betriebliche als auch durch finanzielle Zwänge eingeschränkt; es liegt jedoch in der Natur der Sexarbeit, daß solche Zwänge für Huren besonders gefährlich und demütigend sind.

Ausschlaggebend aber ist, daß die Wahllosigkeit für die Prostituierte nicht synonym mit Prostitution ist. Die Annahme, daß Huren »mit jedem« ins Bett gehen, trifft in der Praxis nicht auf alle Huren zu und ist für keine wünschenswert. Sogar das Lexikon erinnert uns daran, daß eine Frau *zum Kauf* zur Verfügung steht, was die erforderliche Transaktion von Geld impliziert. Ein möglicher Grund dafür, warum der Begriff »Wahllosigkeit« trotz der Wahlmöglichkeiten vieler Prostituierter hartnäckig fortbesteht, ist der, daß nach einem weit verbreiteten Mythos angenommen wird, *viele* Männer heiße *wahllos* Männer. Doch das Gegenteil ist der Fall. Prostituierte suchen sich häufig nicht nur den einzelnen Kunden aus, sondern sogar einen ganzen Kundenkreis von Männern, die bestimmten gesellschaftlichen Gruppen angehören oder bestimmte sexuelle Vorlieben haben. Frauen, die auf der Straße arbeiten, insbesondere wenn sie arm, schwarz, jung oder drogenabhängig sind, können sich ihre Kunden zweifellos weniger aussuchen als Callgirls oder selbständige Fensterhuren. Es ist jedoch wichtig einzusehen, daß diese fehlende Wahlmöglichkeit nicht der Prostitution eigen ist, sondern dem Mißbrauch, der Armut, den schlechten Arbeitsbedingungen, der Unerfahrenheit oder Verzweiflung. Genauso wie andere Arbeiterinnen wollen Huren diese Verhältnisse verändern, ohne notwendigerweise ihren Beruf zu wechseln.

Ohne Beischlaf tut sie es nicht

Der Begriff »Geschlechtsverkehr« ist genauso unzulänglich, wenn es darum geht, die Arbeit von Prostituierten zu beschreiben. Ein großer Teil der Prostitution beinhaltet keinen Geschlechtsverkehr. So wie das Wort »wahllos« suggeriert das Wort »Verkehr« eine geringere Flexibilität in der Sexarbeit, als dies tatsächlich der Fall ist. In der Praxis ist die sexuelle Leistung ebenso wie der Preis eine Verhandlungsfrage: Der Kunde äußert einen Wunsch, oder die Hure macht einen Preis. Sie ist aber diejenige, die den endgültigen Bedingungen zustimmen muß. Der Geschlechtsverkehr ist nur eine Möglichkeit von vielen, die für einige Prostituierte die Norm sein mag und für andere die Ausnahme – wie folgende Aussagen zeigen:

»Ich bin seit zehn Jahren Callgirl. Die Männer kommen in meine eigene Wohnung. Fünfundneunzig Prozent meiner Arbeit ist Oralverkehr - das ist das, was die Kerle zu Hause nicht kriegen.«

»Meistens mache ich Handmassagen. Das ist für sie am billigsten und für mich am einfachsten.« (Prostituierte, die in einem Massagesalon in Kalifornien arbeitet)

»Was ich mache, hängt davon ab, was der Kunde zahlt, was wiederum von den sexuellen Stellungen und der Zeit abhängt. Das handel' ich aus, ehe wir anfangen, und dann kobere ich oft nach und manchmal noch einmal, wenn er bei mir ist.« (Französische Prostituierte in Paris)

»Der Geschlechtsverkehr war das am wenigsten intime und übliche Geschäft.« (Straßenprostituierte in Den Haag)

Die meisten weiblichen Huren verweigern Analverkehr, obwohl einige wenige ihn vorziehen. Eine Prostituierte sagte: »Meine Vagina hebe ich für meinen Freund auf.« Sadomasochistischer (S/M) Sex ist oft sehr teuer, und dabei muß überhaupt kein Körperkontakt bestehen. Dazu eine Prostituierte: Die »Kunden, vorwiegend verheiratete Männer, wollen von den Huren das, was ihre Ehefrauen ihnen nicht geben wollen. Früher war das Oralverkehr. Heute sind es Prügel.« Prügel oder Peitschen oder andere S/M-Praktiken sind in der Prostitution allerdings nicht so üblich wie »Vanilla«-Sex (Soft-Sex), aber nach Aussage dieser und anderer Prostituierten gibt es heute eine weitaus größere S/M-Nachfrage und somit ein größeres Angebot als vor zwanzig Jahren. Eine andere Frau sagte: »Die meisten von uns mögen keinen ausgefallenen Sex« (womit S/M-Sex, Fetische und andere Rituale gemeint waren); »das ist eine Spezialität«. Huren, die S/M-Sex anbieten, machen das tatsächlich häufig zu ihrer Spezialität. Eine Spezialistin berichtete: »Ich habe nie Verkehr mit Kunden. Ich arbeite mit einer Peitsche.« Die meisten Prostituierten machen jedoch ausschließlich Handmassagen, Oral-und/oder Vaginalverkehr. Bei guten Arbeitsbedingungen ist es Prostituierten also auch erlaubt, bestimmte sexuelle Praktiken zu verweigern.

In der holländischen Sprache »spielt« eine Frau »die Hure«. Das Spiel, das sie spielt (in Großbritannien bedeutet »Spiel« Prostitution), wird von den Prostituierten als das wahre Handwerk verstanden, das der Sexarbeit zugrunde liegt: »Ohne Geschlechtsverkehr haben viele Männer das Gefühl, nicht bei einer Hure gewesen zu sein. Der Geschlechtsverkehr ist für sie wesentlich, aber tatsächlich geht es bei der ganzen Sache mehr um das Spiel, die Illusion. Der Kunde braucht das Gefühl, ein richtiger Hengst zu sein. Wenn er keinen Orgasmus hat, was oft der Fall ist, dann beteure ich: ›Aber, Schätzchen, wir hatten doch so viel Spaß.‹ Von der Hure wird erwartet, das Spiel mit dem Kunden nicht nur auf dem Zimmer zu spielen, sondern insbesondere vor seinen Kumpeln draußen. Häufig kaufen die Männer gemeinsam eine Frau oder wollen dieselbe Frau kaufen wie ihre Freunde.« (Holländische Hure, die in einem Club arbeitet)

Bilder von der ehrlosen Hure, dem unwürdigen Freier und Zuhälter

Wenn wir die Definition des Verbes prostituieren mit der Definition des Substantivs Prostituierte vermischen, kommen wir zu diesen Einstellungen: Wenn eine Prostituierte eine Frau ist, die ihre Ehre für niedere Vorteile verkauft oder ihre Fähigkeiten für schändliche, unwürdige Zwecke einsetzt, dann hat sie per Definition keine Ehre und handelt verwerflich. Die Verbdefinition begrenzt den unwürdigen Zweck nicht auf Sex, aber wenn man die Definition des Substantivs und des Verbs vermengt, so wie das in der öffentlichen Meinung leicht passiert, dann wird die Sexarbeit zu einer besonders ehrlosen und verwerflichen Tätigkeit. Dabei ist es wichtig zu beachten, daß die Schande der Frau darauf beruht, was sie anbietet (ihren Körper und ihre sexuellen Fähigkeiten), während es sich bei dem unwürdigen Zweck, für den sie sich hergibt, mutmaßlich um das sexuelle Verlangen des Mannes als »Kunden«[5] oder das finanzielle Interesse des Mannes als »Zuhälter« handelt. Damit sprechen wir dann tatsächlich über weibliche Unehre und männliche Unwürdigkeit. Im folgenden soll gezeigt werden, wie diese Begriffsverständnisse auf der konkreten rechtlichen, gesellschaftlichen, psychologischen und ideologischen Ebene umgesetzt werden und welche Auswirkungen dies hat. Dabei wird jede dieser Ebenen sowohl für die Hure als auch für den Kunden und Zuhälter analysiert.

Richter werfen ihnen Paragraphen zwischen die Beine

Auf rechtlicher Ebene nehmen die Merkmale weiblicher Unehre und männlicher Unwürdigkeit innerhalb der Prostitution eine konkrete strafbare Form an. So werden Prostituierte, ihre Freunde oder Geschäftspartner in verschiedenen Ländern bestraft, wenn:
1. sie verbal oder durch Annoncen sexuelle Dienstleistungen für Geld anbieten oder dazu auffordern (aktives Anbieten),
2. sie auf der Straße stehen und den Eindruck erwecken, für sexuelle Leistungen zur Verfügungen zu stehen (passives Anbieten),
3. sie ein Zimmer für eine kommerzielle sexuelle Handlung vermieten (ein »Haus« führen),
4. zwei oder mehrere Prostituierte gemeinsam arbeiten (ein »Haus« unterhalten),
5. sie ein Sexgeschäft managen (Zuhälterei),
6. sie jemandem vorschlagen, Geld für Sex zu verlangen (Kuppelei),
7. sie keine Steuern auf illegal verdientes Geld zahlen, das zum Beispiel aus Sexwerbung stammt, aus der Vermietung eines Hauses für Sex, aus einem Sexgeschäft oder aus der Förderung eines Sexgeschäftes (Steuerhinterziehung),
8. sie durch Prostitution verdientes Geld von einem Staat in einen anderen schaffen (Strafsache in den Vereinigten Staaten), oder von einem Land in ein anderes (illegaler Geldtransfer),

9. sie Geld oder Geschenke von einer Prostituierten annehmen; dies gilt sogar für ihren Ehemann, ihr Kind, die Eltern, den Manager oder einen Freund (sie leben dann von der Prostitution, d.h. von Zuhälterei),
10. sie im Zusammenhang mit Prostitution ein Kind aufziehen (ungeeignete Elternschaft),
11. sie ohne polizeiliche Registrierung Sex für Geld anbieten,
12. sie ohne regelmäßige Pflichtuntersuchungen auf Geschlechtskrankheiten Sex für Geld anbieten,
13. sie trotz professioneller Prostitutionserfahrungen für gewisse pornographische Zeitschriften (wie z.B. ›Playboy‹) oder gewisse legalisierte Escort-Service (eine Art Hostessen-Vermittlung) arbeiten (mit diesen Bestimmungen soll das Image dieser Unternehmen geschützt und die Einstellung unerfahrener, häufig junger Frauen sichergestellt werden),
14 sie der Prostitution als einziger Erwerbsquelle nachgehen.

Normalerweise werden diese Tatbestände in ihrer Gesamtheit aufgrund moralischer Prinzipien mißbilligt, unabhängig davon, ob sie gesetzlich verboten sind oder nicht. In der heute vorherrschenden Gesellschaftsstruktur genießen diejenigen einen ehrenwerten Ruf, die nichts mit der Prostitution zu tun haben. So ist beispielsweise Dänemark eines der wenigen Länder, wo es ein - wenn auch selten praktiziertes - Gesetz gibt, nach dem Prostituierte sich strafbar machen, wenn ihre Haupteinnahmen nicht aus einer soliden Tätigkeit stammen; eigentlich wissen Prostituierte, egal, in welchem Land sie arbeiten, daß es für ihre Glaubwürdigkeit besser ist, wenn ihre Einnahmen aus der Prostitution durch einen anderen Beruf verborgen bleiben. Dementsprechend würden sich die meisten Arbeitgeber vollkommen im Recht fühlen, wenn sie bei Neueinstellungen eine Prostituierte oder Ex-Prostituierte ablehnen, obwohl es in der Sexindustrie nur in bestimmten Bereichen tatsächlich Vorschriften gegen die Einstellung von Frauen gibt, die als Prostituierte bekannt sind. Und während die polizeiliche Registrierung und gesundheitliche Kontrolle in manchen Ländern wie der Schweiz und Deutschland vorgeschrieben sind, ist es in vielen Ländern wie Holland und den Vereinigten Staaten üblich, auf Prostituierte Druck auszuüben, damit sie sich registrieren lassen oder an medizinischen Untersuchungen teilnehmen. Die Registrierung von Sexarbeiterinnen in Teilen Belgiens (wie Brügge und La Louvière) erfolgt sogar in eindeutig kriminalisierender Form: durch Fingerabdrücke, Fotos für das Verbrecheralbum und eine Kerbe im Personalausweis.

Die Unehre, die der Prostituierten unterstellt wird, hat in der Tat ernste rechtliche Konsequenzen. Frauen ist es erlaubt, kostenlosen Sex zu gewähren, aber sie dürfen Sex nicht zu einer Verhandlungssache machen, ohne gegen eine Unmenge von Gesetzen zu verstoßen. Von einer Frau, die ihr Geld durch Sex verdient, heißt es, daß sie ihre Ehre verkauft. Tatsächlich bietet sie nicht ihre Ehre zum Kauf an, dennoch verliert sie offiziell ihre bürgerlichen Freiheiten und Menschenrechte, wenn sie ihre Sexualität veräußert. Sie verliert das Recht auf freie Rede (nicht der sexuelle Akt, sondern die *Forderung* nach Geld ist das eigentliche Verbrechen); sie verliert die Freiheit zu reisen oder einzuwandern, und sie verliert das Recht auf sexuelle Selbstbestimmung und sexuelle Privatsphäre. Zusätzlich kann ihr die Vormundschaft über ihre Kinder entzogen werden (z.B. in Schweden). Sie wird gezwungen, sich medizinischen Untersuchungen zu unterziehen (z.B. in Deutschland); sie kann im Gefängnis unter Quarantäne gestellt werden, bis das Ergebnis einer Gesundheitsuntersuchung eintrifft (bis 1973 in Kalifornien, USA). Sie kann mehrmals pro Woche mit einem Bußgeld bestraft werden, weil sie auf der Straße steht (z.B. in Frankreich). Die freie Berufswahl ist ihr untersagt, ehe sie nicht eine »gute Führung« nachweisen kann; (in der Schweiz darf sie beispielsweise seit mindestens drei Jahren für Sex kein Geld mehr angenommen haben). Sie kann regelmäßig und manchmal für lange Zeit verhaftet, verurteilt und/oder eingesperrt werden (z.B. in den USA). Sie kann ohne Regreßrecht weit über ihrem tatsächlichen Einkommen steuerlich veranlagt werden (z.B. in Holland). Ihr werden in allen Ländern die Krankenversicherung oder Arbeitslosenversicherung verweigert. Sie kann ihr Unternehmen nicht vergrößern und mit jemand anderem gemeinsam betreiben (überall, wo es Gesetze gegen bordellähnliche Betriebe oder Zuhälterei gibt). Und wenn es im Zusammenhang mit Prostitution zu Kindesmißbrauch, Zwang, Betrug oder Gewalt kommt, wird sie diese Fälle aus Angst vor Verfolgung als Prostituierte wahrscheinlich nicht anzeigen. Je mehr eine Frau wegen des Geldes auf die Prostitution angewiesen ist, desto mehr ist sie ironischerweise und tragischerweise gezwungen, irgendein Gesetz zu verletzen, und desto weniger kann sie Übergriffe anzeigen.

Der Kunde ist natürlich auch Bestandteil des Prostitutionsgeschäftes, und in Ländern, wo das Sexgeschäft illegal ist, macht er sich ebenfalls einer Straftat schuldig. Aber diese Gesetze werden nicht gleichermaßen auf Kunden und Prostituierte angewandt. In den Vereinigten Staaten, wo die Verhaftungsraten hoch sind, wird ein Kunde auf acht Prostituierte verhaftet (FBI, Uniform Crime Report, 1978). Einige Bürger, die empört sind über die diskriminierende Anwendung der Prostitutionsverbote, fordern die gleiche Bestrafung der Kunden. Diese wird jedoch nirgendwo durchgesetzt, weil die Gesetzesvertreter zum Teil entweder selbst Kunden sind oder weil sie sich mit Kunden identifizieren. Prostituierte kennen zahlreiche Geschichten über die sexuellen Wünsche von Polizisten, Rechtsanwälten, Richtern und anderen männlichen Autoritäten. Trotzdem kommt es beispielsweise in Schweden und in den USA immer mal wieder vor, daß Kunden verhaftet werden. Die Männer, vor allem wenn sie berühmt sind, werden dann vor Gericht geladen und dafür, daß sie mit einer Hure Sex treiben, öffentlich gedemütigt. Von diesen sporadischen, sensationell aufgemachten Demonstrationen staatlicher Moral und Gerechtigkeit ist keine Prostituierte beeindruckt, sondern eher verärgert: »Erstens ist die Verhaftung von Freiern schlecht fürs Geschäft. Zweitens drängt uns das weiter in den Untergrund, wo wir noch verletzbarer sind. Und drittens wird damit das Thema verfehlt: Wir wollen keine Strafe für sie – wir wollen RECHTE FÜR UNS.« Eine andere Hure sagte: »Wenn sie Interesse an Gerechtigkeit haben, warum nehmen sie dann unsere Strafanzeigen nicht ernst? Sie verhaften Männer, wenn sie uns bezahlen, aber nicht, wenn sie uns vergewaltigen. Jawohl, auch eine Hure kann vergewaltigt werden – jedesmal wenn ein Freier sich Sex holt, ohne zu bezahlen, macht er sich der Vergewaltigung schuldig!« Doch in der Regel werden die Freier nicht beachtet oder bei polizeilichen Maßnahmen übergangen, egal, ob es nun um einvernehmliche Absprachen oder Verstöße gegen Absprachen geht.

Die rechtlichen Konsequenzen, die sich aus dem »für Männer unwürdigen Verhalten« ergeben, beziehen sich weniger auf das sexuelle Verlangen des Kunden, sondern eher auf das finanzielle Interesse Dritter. Das am meisten vorbelastete Wort für einen dieser Dritten ist der »Zuhälter«. Im juristischen Sinn ist ein Zuhälter jemand, der von dem Einkommen einer Prostituierten profitiert.⁶ Sein Profit stammt eindeutig aus der Nutzung ihrer sexuellen Arbeit, was für unwürdig und gesetzlich strafbar gehalten wird. Hier muß hinzugefügt werden, daß die Prostituierte von den Aktivitäten, die gesetzlich als Zuhälterei definiert werden, abhängig ist, ausgenommen den Fall, daß sie diese Aktivitäten selbst ausübt. Versuche, die Bereiche Prostitution und Zuhälterei zu trennen, endeten bisher im juristischen Fiasko. Sobald eine Prostituierte sich selbständig macht und Mitarbeiterinnen anwirbt, läuft diese Frau Gefahr, als Zuhälterin belangt zu werden. Und wenn sie für jemanden arbeitet oder mit jemandem zusammenlebt, dann sind diese Menschen der Verfolgung als Zuhälter ausgesetzt. Aufgrund von Zuhälterparagraphen sind in der Praxis bereits folgende Personen bestraft worden:

1. Manager, die von Prostituierten engagiert wurden, um Termine und einen Arbeitsplatz im Studio für sie zu arrangieren,
2. Freunde, Freundinnen oder Ehemänner, mit denen Prostituierte ihr Einkommen und ihre Wohnung teilen,
3. Hotelmanager, die an Prostituierte ein Zimmer zum Arbeiten vermieten,
4. Eltern einer Prostituierten, die Geld von ihrer Tochter erhalten,
5. Männer, die Frauen dazu zwingen, Sex für Geld anzubieten,
6. Männer, die Frauen die Ehe oder eine nicht-sexuelle Arbeit versprechen und sie dann zur Prostitution zwingen.

In den letzten beiden Fällen handelt es sich eindeutig um Mißbrauch. Doch die Zuhälterparagraphen vermischen Tatbestände des Mißbrauchs mit Handlungen, die aus kommerziellen Gründen erfolgen. Die meisten Prostituierten sind auf kommerzielle Absprachen mit Dritten angewiesen, und viele Prostituierte haben eine Familie, die von ihrem Einkommen abhängig ist. Zuhälterparagraphen sind angeblich gemacht worden, um die Frauen zu schützen, aber während ein Arm des Gesetzes Schutz verspricht, droht der andere mit der Bestrafung der Prostituierten und ihrer Partner.

Wiederholt forderten französische Huren das Recht, zusammenzuwohnen, mit wem sie wollen, und ihr Geld zu geben, wem sie wollen. »Ich kann keinen Freund haben«, sagte eine französische Prostituierte, »ohne daß er verhaftet wird.« Prostituierten aus den Vereinigten Staaten ist schmerzhaft bewußt, wie rassistisch Zuhältergesetze angewandt werden: »Da sind die mächtigen weißen Pornozuhälter, die die Frauen mißbrauchen, indem sie uns die Rechte an UNSEREN Bildern klauen und uns belügen, wo UNSERE Bilder gezeigt werden, und die Kinder aus kommerziellen Gründen mißbrauchen. Aber die kommen nicht in den Knast. Nein, die können unseren Körper verkaufen, aber wir selbst haben nicht das Recht, ihn zu vermieten. Es ist der schwarze Mann auf der Straße, der verhaftet wird, selbst wenn er unser Liebhaber ist. Prostitution ist die bestbezahlte Arbeit für Frauen und schwarze Männer ohne Ausbildung – darum sind sie hinter uns her –, sie gönnen uns das Geld nicht.«

Die Entrüstung, die Prostituierte über die Anwendung der Zuhältergesetze gegen Huren, ihre Geschäfte und ihre Freunde äußern, ist genauso groß wie ihre Entrüstung über die Nichtanwendung von Gesetzen zu ihrem Schutz vor Gewalt und Zwang. Es gibt ausbeuterische Zuhälter; in einigen Ländern wie Frankreich sind sie im sogenannten »Milieu« oder einem gänzlich kriminellen Umfeld organisiert. Es kann daher nicht genug betont werden, welche Bedeutung Gesetze, die sich wirklich gegen die Ausbeutung richten, ohne die Frauen und ihre selbst gewählten Partner zu bestrafen, für Prostituierte haben. Im Forderungskatalog, der beim Ersten Internationalen Hurenkongreß (siehe Anhang) aufgestellt wurde, plädierten Prostituierte für eine eher gewerbliche als strafrechtliche Regulierung der Sexindustrie und für die Anwendung der üblichen Gesetze gegen Zwang, Betrug, Gewalt und Kindesmißbrauch im Zusammenhang mit Prostitution. Außerdem schlugen sie vor, den Gebrauch von Statusbegriffen, wie zum Beispiel den Begriff Zuhälter, zugunsten von Verhaltensbegriffen, wie zum Beispiel Vergewaltigung oder Zwang, abzuschaffen.

Die öffentliche Meinung distanziert sich

Die vorangehende Darstellung zeigt, wie der Gesetzgeber zur Unehre der Huren und der Beurteilung ihrer Partner beiträgt. Doch im Grunde handelt es sich bei Wörtern wie »Unehre« und »unwürdig« eher um gesellschaftliche als gesetzliche Begriffe. Die gesellschaftliche Rolle der Hure, des Freiers und des Zuhälters sind geläufige Erscheinungen in der westlichen Kultur, die häufig entweder glorifiziert oder verzerrt dargestellt werden.

Traditionell gelten Huren als Beispiel für die weibliche Unehre, so wie Freier und Zuhälter als Beispiele für männliche Unwürdigkeit. Unsere Definitionsanalyse wäre nicht komplett ohne eine Aufzählung von Verhaltensweisen innerhalb des Prostitutionsgeschäfts, die die Ehrlosigkeit der beteiligten Personen bestimmen.

Für die solide Gesellschaft, das heißt die Gesellschaft, die als rechtschaffen und gesetzestreu bezeichnet wird und die notwendigerweise keinen Umgang mit Prostituierten hat, fallen unter die Unehre von Huren im allgemeinen folgende Aktivitäten:
1. wenn jemand Sex mit Fremden treibt,
2. wenn jemand Sex mit vielen Partnern treibt,
3. wenn eine Frau die sexuelle Initiative ergreift, die Kontrolle über sexuelle Begegnungen hat und sexuell erfahren ist,
4. wenn jemand Geld für Sex verlangt,
5. wenn eine Frau ihre Energie und Fähigkeiten dafür einsetzt, die unpersönliche männliche Lust und sexuelle Phantasien zu befriedigen,
6. wenn eine Frau nachts allein draußen ist, auf einer dunklen Straße, in einer Form gekleidet, die männliches Verlangen weckt,
7. wenn eine Frau an vermutlich erregte, betrunkene oder beleidigende Männer gerät, mit denen sie entweder umgehen kann (»dreiste oder vulgäre Frauen«) oder nicht umgehen kann (»zu Opfern erklärte Frauen«).

Auch Prostituierte haben ihre Ansichten über die Unehre. Doch im Gegensatz zu öffentlicher Meinung und geltendem Gesetz vermischen sie nicht die Definition der Prostitution als Sexarbeit mit der Definition des sich Prostituierens als unanständige Aufforderung zu einer verwerflichen Tat. Für viele Prostituierte ist die Hure nicht a priori unanständig. Ihnen zufolge gibt es »gute Huren« und »schlechte Huren«. Eine Sexarbeiterin definierte eine gute Hure als eine Frau, die
1. faire Geschäfte macht,
2. die Phantasien des Kunden befriedigt, so daß er glücklich ist, wenn er geht,
3. sich von Drogen und Alkohol während der Arbeit fernhält,
4. gesundheitsfördernde Praktiken pflegt, zum Beispiel die Kunden wäscht und auf Kondomen besteht,

5. emotional und sexuell distanziert bleibt,
6. das Geld im voraus verlangt,
7. nie mehr als vereinbart leistet, außer es gibt eine neue Absprache, und
8. andere Huren warnt, wenn sich herausstellt, daß ein Kunde finanziell, körperlich oder sexuell unzuverlässig ist.

Für eine andere Hure zeichnet sich eine gute Hure dadurch aus, daß sie unabhängig von der Befriedigung des Kunden so viel Geld wie möglich bekommt. Für einige ist eine gute Hure eine Frau, die niemals Spaß am Sex – und niemals einen Orgasmus – hat, während andere finden, daß das sexuelle Vergnügen – vorzugsweise mit Orgasmus – zur Zufriedenheit beim Job und zur Professionalität gehört. Für viele sind Kondome unerläßlich, insbesondere bei dem heutigen Risiko, sich beim Kunden mit dem Aids-Virus anzustecken. Doch einige arbeiten weiterhin ohne Kondom, weil entweder ihre Chefs es verbieten, die Kunden es ablehnen oder weil sie es gewohnt sind, ohne Schutz zu arbeiten.

Natürlich gibt es unterschiedliche Auffassungen von der Qualität der Sexarbeit – sie sind geprägt von der jeweiligen persönlichen Vorliebe einer Hure, den jeweiligen Arbeitsbedingungen und kulturellen Normen. Nichtsdestoweniger stimmten beim Internationalen Hurenkongreß Huren aus zehn Ländern der Ansicht zu, daß eine hohe Arbeitsqualität in der Prostitution sich dadurch auszeichnet, daß man dort stolz auf sich sein könne und Respekt für seine Kolleginnen habe. Der Begriff Unehre hatte für sie nicht per se etwas mit Sexarbeit zu tun, sondern mit einem Mangel an Kompetenz und Integrität in der eigenen Arbeit. Zu dieser Kompetenz und Integrität können Kenntnisse geschäftlicher, sexueller, therapeutischer, sprachlicher und geistiger Techniken gehören oder »Strichtechniken« (d.h. schnelle Reflexe, ausgeprägte Intuition, Redegewandtheit, zuverlässige Selbstverteidigungsmethoden und Spaß am Straßenleben). Die Unterschiede zwischen Prostituierten, wie sie eine Arbeit bewerten, welche Arbeit ihnen gefällt und ob eine Arbeit befriedigend ist, sind genauso groß wie die Unterschiede zwischen Arbeitern in anderen Berufen. Ausschlaggebend ist, daß eine Hure ein Mensch mit Wertvorstellungen, Vorlieben und Zufriedenheiten ist, und das sind für sie die entscheidenden Determinanten des Ehrbegriffs.

Einige Prostituierte reservieren das Wort »Prostituierte« für die professionelle Sexarbeit, die für sie ehrenhaft ist; mit dem Wort »Hure« bezeichnen sie Frauen, die sich durch sexuelle Gefälligkeiten kompromittieren, was für sie unehrenhaft ist. Eine Prostituierte sagte: »Frauen, die sich aus Pflichtgefühl oder Unterwerfung auf Sex einlassen, sind die wahren Huren.« Eine andere Prostituierte schrieb ein Gedicht über unehrenhaften Sex mit dem Titel »BILLIG«:

Billig ist, wenn du sie fickst, damit sie still sind.
Billig ist, wenn du es machst, weil sie so viel wert sind.
Billig ist, wenn du ihnen einen bläst, bis dein Kiefer schmerzt, damit sie nicht sagen, du bist steif.
Billig ist, wenn du es tust, damit sie nachts zu Hause bleiben.
Billig ist, wenn du nicht das Vergnügen, ein Kind oder einhundert Dollar willst.
Billig ist, wenn du es für die Sicherheit tust.
Billig ist, was du bist, bevor du nein sagen lernst.
Billig ist, wenn du es tust, um Bestätigung, Freundschaft, Liebe zu gewinnen.

von Scarlot Harlot
San Francisco

Wenn man berücksichtigt, wie belastet der Begriff »Hure« in der öffentlichen Meinung ist, so ist es nicht erstaunlich, daß sowohl unter Prostituierten als auch Nicht-Prostituierten sprachliche Verwirrungen bestehen. Eine ähnliche Verwirrung ist mit dem Wort »Freier« verbunden. Angeblich dient das sexuelle Verlangen der Freier dem unwürdigen Zweck, für den die Hure ihre Talente einsetzt. Merkwürdigerweise ist die gesellschaftliche Einstellung den Freiern gegenüber jedoch weniger konsequent als die gegenüber Huren. Während eine Hure ALS FRAU für unehrenhaft gehalten wird, sind die Kriterien, die die Unwürdigkeit der Freier auszeichnen, gleichzeitig Kriterien für MÄNNLICHKEIT. Besonders die folgenden Verhaltensweisen sind kennzeichnend für die unwürdige Absicht des Freiers, und gleichzeitig charakterisieren sie den »richtigen Mann«:
1. wenn er eine Frau als Sexobjekt betrachtet,
2. wenn er ohne Rücksicht auf ihre Gefühle eine Frau zur Selbstbefriedigung benutzt,
3. wenn er für den Körper einer Frau wie für eine Ware bezahlt.

In der Regel wird davon ausgegangen, daß Männer Freier sind, und es macht sie vielleicht sogar verlegen, wenn sie zugeben müssen, daß sie noch nie bei einer Prostituierten waren – so als würde diese Nicht-Befriedigung einen Mangel an Männlichkeit bedeuten. Gleichzeitig ist es gesellschaftlich verpönt, wenn nicht sogar demütigend, mit einer Hure erwischt zu werden. In manchen progressiven männlichen Kreisen kann es sogar ein Tabu sein, darüber zu sprechen, daß man ein Freier ist. Aber progressive Männer, die darüber sprechen, werden eher für mutig gehalten, wenn sie ein solch »normales«, politisch inkorrektes Verhalten zugeben, als daß sie dafür verurteilt werden. Der Besuch einer Hure wird bei diesen Männern eher als ein Mangel an Beherrschung denn als ein Charaktermangel verstanden. Männer verlieren im allgemeinen nicht aufgrund ihrer Persönlichkeit (Menschen, die Huren aufsuchen) an Würde, sondern eher, wenn sie in einer bedürftigen Lage oder bei heimlichen Aktivitäten (z.B. mit heruntergezogener Hose) ertappt werden.

Während die Frau geächtet wird, weil sie eine Hure IST, wird der Mann verurteilt, wenn er BEIM AKT ERWISCHT wird. Gesellschaftlich hängt somit die weibliche Unehre mit der Hurenidentität und die männliche Unwürde mit dem Freierverhalten zusammen: Sie ist eine schlechte Frau, das heißt eine verdorbene Person[7]; er ist der ungezogene Junge oder der schmutzige alte Mann, das heißt jemand mit frühreifen oder schmierigen Gewohnheiten. Das schlechte Urteil über sie beruht auf dem, was sie ist, und das schlechte Urteil über ihn beruht auf dem, was er tut. Beim Freier hält man es für besonders unwürdig, wie er Frauen sexualisiert und kommerzialisiert.

Prostituierte nehmen die Unwürde des Freiers anders wahr als die Gesellschaft im allgemeinen. Sie beurteilen weniger die Sexualität oder den damit verbundenen kommerziellen Umgang der Freier, sondern eher deren Heuchelei. Eine Ex-Prostituierte sagte: »Ich habe mit dem Anschaffen aufgehört, als ich merkte, daß dieselben Kunden, die privat meine Freunde waren, in der Öffentlichkeit als meine Feinde auftraten.« Viele Prostituierte bestätigen diese Wahrnehmung, wenn sie von Polizisten erzählen, die sich ohne Bezahlung Sex geholt, das heißt, sie vergewaltigt hatten, und sie dann wegen des Vorwurfs der Prostitution mit einem Bußgeld bestraften oder verhafteten. Kurz gesagt, halten Prostituierte Verrat, Korruption und Unehrlichkeit für unwürdig. Daß Männer Geschäfte mit Prostituierten machen und sie ausbeuten können und daß sie Prostituierte dann öffentlich herabsetzen, ohne ihre eigenen Kontakte zuzugeben, sind nach Aussagen der Huren die wirklichen Vergehen der Freier. Die Huren beklagen sich öfter darüber, daß Freier von Frauen abhängig sind, für die sie öffentlich keinen Respekt zeigen, als darüber, daß Freier Frauen symbolisieren, objektivieren, erotisieren und kommerzialisieren.

Doch zweifellos wird männliche Unwürdigkeit nicht zuerst dem Freier nachgesagt, sondern dem Zuhälter. Zu den gesellschaftlichen Vorstellungen über Zuhälterei gehören jedoch nicht die umfassenden kommerziellen und persönlichen Beziehungen, die in verschiedenen Ländern gesetzlich unter Zuhälterei fallen. Einem Zuhälter wird unterstellt, daß er Frauen ausbeutet, insbesondere weiße minderjährige Frauen, daß er sie *betrügt, drogenabhängig* macht, *schlägt, vergewaltigt* und *verläßt*. Er wird als »Der Schuldige« empfunden, dem durch bösartige Methoden junge, unschuldige (gemeint sind damit häufig weiße) Frauen zum Opfer fallen. Als Verführer und Verderber von Mädchen ist er der Prototyp eines Schurken. Häufig wird er als schwarz, gemein, manipulativ, aggressiv und faul dargestellt. Selten stellt man sich eine Prostituiertenszene ohne ihn vor.

Prostituierte lehnen diese Darstellungen ab und betonen die Unterschiedlichkeit der Zuhälter. Sie wehren sich gegen die rassistische und sexistische Verzerrung – »nicht alle Zuhälter sind schwarz, und nicht alle Huren sind Kinder« –, und sie protestieren dagegen, daß Frauen die freie Entscheidung abgesprochen wird – »hey, nicht alle von uns sind von Zuhältern auf den Strich geschickt worden, viele hatten nie einen Zuhälter, und manche entscheiden sich dafür, sich einen anzuschaffen«. Außerdem weisen Huren das Vorurteil zurück, alle Zuhälter seien gemein oder alle Huren würden geschlagen und vergewaltigt und seien drogenabhängig. Das heißt aber nicht, daß Huren die Existenz manch eines ausbeuterischen Zuhälters und manch einer hilflosen Frau leugnen. Allerdings dienen diese Stereotypen oftmals als Vorlage für das Männlichkeitsideal (Männer als Tiere) so wie für das Weiblichkeitsideal (Frauen als Opfer). Unsere Aufgabe hier ist es, die angebliche Unwürdigkeit des Zuhälters im Licht der Hurenrealität zu untersuchen.

Nach einer Untersuchung aus den Vereinigten Staaten meiden Zuhälter junge Mädchen, weil sie sie für dumm und nicht vertrauenswürdig halten und weil sie weder mit den Eltern noch mit den vielen rechtlichen Schwierigkeiten, die mit sexuellem Kindesmißbrauch verbunden sind, etwas zu tun haben wollen.[8] Minderjährige Mädchen, die als Prostituierte arbeiten, haben oft den folgenden Kreislauf von Mißbrauchserfahrungen durchgemacht:

1. sexueller Mißbrauch durch den Vater,
2. Flucht aus dem Elternhaus in eine große Stadt,
3. eine romantische Beziehung zu einem älteren Mann, der Schutz verspricht und sie statt dessen überzeugt oder zwingt, für ihn als Prostituierte zu arbeiten,
4. Drogenabhängigkeit durch seine Initiative, erleichtert durch ihre Verzweiflung,
5. Mißhandlungen und sexueller Mißbrauch durch diesen Mann, der ihr Zuhälter geworden ist,
6. zunehmender körperlicher und seelischer Verfall, wenn keine Hilfe gesucht oder von außen angeboten wird.

Man kann daher sagen, daß das Stereotyp von der bereits als Kind sexuell mißbrauchten Prostituierten nur bei *minderjährigen Prostituierten aller Hautfarben* der Wahrheit nahekommt. Nur hat ihr Elend nicht auf der Straße, sondern zu Hause angefangen. Die Mädchen sind ausgerissen auf der Suche nach der Geborgenheit, die sie in ihrer Familie nicht bekamen. Tragischerweise ist der neue Schutz, den sie finden, jedoch genauso illusorisch wie der Schutz, den sie hinter sich gelassen haben. Es bleibt also die Frage offen, welche besonders unwürdigen Handlungen Zuhälter ausüben. Im Fall von KINDESMISSBRAUCH wird der Zuhälter von erwachsenen Prostituierten einstimmig und nachdrücklich verurteilt; genauso wie die Väter verletzen Zuhälter nicht nur die sexuelle und physische Integrität des Kindes, sondern sie unterlassen es auch, die Aufgaben eines Erwachsenen hinsichtlich der materiellen, pädagogischen und gesundheitlichen Bedürfnisse des Kindes zu erfüllen. Darüber hinaus sind Vergehen an Kindern wie Betrug, Zwangsausübung, Vergewaltigung und Gewalttätigkeit besonders verhaßt.

Bei der Prostitution in Westeuropa und Nordamerika handelt es sich jedoch überwiegend nicht um Kinderprostitution,[10] und die Drittpartner im Prostitutionsgeschäft sind zum größten Teil keine Ausbeuter und Mißhandler von Kindern. Wie sieht das

Image des Zuhälters für erwachsene Prostituierte also in der Realität aus? Üblicherweise stellt man sich unter einem bösen Zuhälter einen Mann vor, der Frauen, häufig aus der Dritten Welt, unter falschen Versprechungen in ein anderes Land lockt, wo sie zur Prostitution gezwungen werden. Es gibt diesen Handel,[11] und Prostituierte haben sich Feministinnen angeschlossen, um Untersuchungen und Maßnahmen zu fordern, damit diejenigen, die betrügen, Zwang ausüben und morden, entlarvt und an ihrem Tun gehindert werden[12]. Prostituierten ist aber auch von vielen Frauen bekannt, daß sie sich bewußt entschlossen haben, die Prostitution zu nutzen, um der Armut oder sozialen Not zu Hause zu entfliehen. Prostituierte bestehen darum darauf, daß diese Frauen dieselben Einwanderungsrechte haben sollen wie andere Menschen auch, ebenso wie das Recht auf einen Prostitutionsmanager, wenn sie es wollen. Und wenn sie bereits zu Hause als Prostituierte verfolgt wurden, dann fordern sie deren Anerkennung als Opfer von Menschenrechtsverletzungen, die einen Flüchtlingsstatus verdienen. Prostituierte wehren sich dagegen, gegen ihren Willen »gerettet« zu werden, und verlangen, daß zwischen falschen Voraussetzungen und Zwangssituationen einerseits und Bedingungen, in denen »die freie Entscheidung einer Erwachsenen« gefällt wurde, andererseits unterschieden wird (siehe Weltcharta im Anhang). Doch wie bereits in der rechtlichen Diskussion erwähnt, erfordert eine solche Unterscheidung eine Neudefinition oder Abschaffung des Wortes »Zuhälter« im Austausch gegen Begriffe, die zwischen einem ausbeuterischen und einem vertragsgemäßen Verhalten unterscheiden.

Prostituierte hüten sich nicht nur davor, durch gutgemeinte Interventionen oder Schutzmaßnahmen behindert zu werden, sondern auch davor, daß man ihnen Freundschaften, die sie sich ausgesucht haben, verbietet. Eine Hure aus den Vereinigten Staaten erzählte: »Wir nahmen einen Mann in unserer Familie auf (gemeint ist damit nicht die biologische Familie, sondern das engverbundene Prostitutionskollektiv), weil wir ihn alle liebten. Niemals tat er einem von uns weh. Er war wie ein Vater für unsere Kinder und eine Stütze für unser Geschäft. Der Richter verurteilte ihn zu einer Haftstrafe in einem Gefängnis, das 3 000 Meilen von zu Hause entfernt war, damit er uns aus dem Gefängnis nicht kontrollieren könne. UNS KONTROLLIEREN??? Mensch, guck uns Frauen doch mal an, wir sind doch keine Kinder, kein Kerl könnte uns herumkommandieren. Wir lieben ihn einfach, das ist alles, aber das ist nicht erlaubt, besonders, weil er schwarz ist, und die Hälfte seiner Mädels (damit sind erwachsene Huren gemeint) sind Weiße!«

Theoretisch könnte jetzt aus irgendeinem Bericht zitiert werden, wieviele Prostituierte einen Zuhälter haben; sicher ist aber, daß viele keinen haben. »Ich habe nie für einen Zuhälter gearbeitet«, sagte eine Hure, »es macht mich wütend, daß die Leute meinen, eine Prostituierte wird von einem Mann beherrscht. Verdammt nochmal, ich hab' den Job angefangen, um mich zu befreien. Keine von meinen Freundinnen, die anschafft, hat einen Zuhälter.« Eine andere meinte: »Ich hatte Freunde, als ich anschaffen ging, aber für einen Mann ist das nicht leicht, da alle glauben, er sei ein Zuhälter.« Einige Frauen berichten aber auch von Erfahrungen mit Ausbeutung durch einen männlichen Boß. Häufig ist der Boß kein persönlicher Manager, sondern der Besitzer eines Clubs oder Chef eines Bordells. Und manche Frauen kennen nicht nur die Terrorisierung durch einen Zuhälter, sondern durch einen ganzen Ring krimineller Dealer. Diese mafiaähnlichen Zustände herrschen besonders in Frankreich und Belgien. Doch ungeachtet dessen fordern die Frauen nicht die gesetzliche und gesellschaftliche Verurteilung der Männer als Zuhälter, sondern die gesetzliche und gesellschaftliche Verurteilung des Mißbrauchstatbestandes.

Prostituierte weisen die einseitige Darstellung des Zuhälters als Schurken aus zwei Gründen zurück: zum einen wegen der zuvor erörterten, unvermeidlichen rechtlichen Verwirrung; zum anderen, da dieser die gesellschaftliche Annahme zugrundeliegt, die Frau sei das Opfer und abhängig und der Mann sei omnipotent. Komischerweise deuten Erzählungen von Prostituierten darauf hin, daß Beweise für die freie Entscheidung von Huren und für das gute Benehmen von Zuhältern die gesellschaftliche Mißbilligung eher verschlimmern als mindern. Vielleicht ist die Vorstellung zu abwegig, daß eine Frau einen Mann unterstützt, den sie liebt oder braucht. Einmal abgesehen von den besonderen Umständen der Freiwilligkeit oder Unfreiwilligkeit der Frauen ist die Unwürdigkeit, die den Zuhältern nachgesagt wird, höchstwahrscheinlich auf deren Versagen zurückzuführen, die männliche Rolle einzunehmen. Wenn Männer finanziell nicht autonom sind, erwartet man von ihnen, daß sie zumindest physisch dominieren; wenn Frauen nicht abhängig sind, geht man davon aus, daß sie keinen männlichen Schutz haben und daher mißbraucht werden. Ihre Unehre hängt mit ihrer Unabhängigkeit, insbesondere der finanziellen und sexuellen, zusammen; seine Unwürdigkeit hängt mit seiner Abhängigkeit zusammen, sei sie finanzieller Art als Zuhälter oder sexueller Art als Freier. Die einzige Hoffnung, ihre Ehre und ihren Wert zu retten, besteht für die Prostituierte darin, einen Opferstatus in Anspruch zu nehmen – und somit ihre Autonomie aufzugeben. Den Freiern beziehungsweise Zuhältern gelingt dies nur, indem sie Macht demonstrieren – und somit ihre Abhängigkeit von der Prostituierten kompensieren.

Bevor dieser Abschnitt über die gesellschaftliche Unehre und Unwürdigkeit abgeschlossen wird, muß eines noch angemerkt werden. Die Unehre der Prostituierten und die Unwürdigkeit ihrer persönlichen oder geschäftlichen Partner werden von der Gesellschaft häufig als ansteckend betrachtet. Nicht-Prostituierte werden gewarnt, sich mit Prostituierten abzugeben oder Themen, die sich mit Prostitution befassen, anzusprechen. Eine Forscherin, die Prostituierte interviewte, wurde von ihrer Mutter *halb* scherzend gewarnt: »Interessante Untersuchung, aber komm bloß nicht auf irgendwelche Gedanken.« Der Vater derselben Forscherin reagierte ernsthaft besorgt: »Was ist, wenn die Leute glauben, *du* seist eine Prostituierte?« Die Mutter warnte die Tochter vor der Verführung; der Vater äußerte seine Sorge über die gesellschaftlichen Reaktionen.

Ein ähnliches Phänomen, wenn auch von größerer Dimension, ist, daß Menschen in Wohngebieten mit Panik reagieren, wenn Prostituierte in ihrer Nachbarschaft zu arbeiten anfangen. Sie befürchten eine Wertminderung ihres Eigentums, die Korruption ihrer Kinder und/oder die Verseuchung ihrer Umgebung mit kranken, drogenabhängigen oder »vulgären« Frauen und mit kriminellen Männern. Wie wir in Teil II sehen werden, gibt es im Zusammenhang mit anderen angeblich unkeuschen Gruppen wie Schwarzen oder Schwulen eine ähnliche Angst vor ›Ansteckung‹. Im Fall von Prostituierten können möglicherweise legitime Beschwerden über Störungen der Nachbarschaft durch diese Angst so in den Hintergrund gerückt werden, daß die Sorge vor dem Verlust der gesellschaftlichen Ehre oder des gesellschaftlichen Werts in den Vordergrund rückt.

Psychologen behaupten: Die sind doch alle neurotisch

Obwohl Psychoanalytiker eher Begriffe wie Fehlanpassung oder Neurose verwenden als Wörter wie Unehre und Unwürdigkeit, bestätigen sie mit ihrer Behauptung, Prostituierte und ihre Partner seien geschädigte menschliche Wesen, trotzdem die ›offiziellen‹ Definitionen und landläufigen Ansichten. Das klassische psychologische Persönlichkeitsprofil beschreibt die Hure als Frau mit einer von Entbehrung und Mißbrauch gekennzeichneten Kindheit[13], die sexuell frigide[14], feindselig gegenüber Männern[15] und latent oder offen lesbisch ist[16].

Der Psychoanalytiker Karl Abraham nimmt an, daß eine Frau sich nur dann, wenn sie mit einem Partner keinen Spaß am Sex hat, gezwungen fühlt, viele Partner zu haben. In seiner rein theoretischen Analyse kommt er zu dem Schluß, daß das Nehmen von Geld für Sex eine Entwürdigung des Geschlechtsaktes sei und somit eine Rache an den Männern, insbesondere an dem Vater, für den der Akt so wichtig sei.[17] Andere haben mit Untersuchungen versucht zu beweisen, daß Prostituierte von dem Bedürfnis getrieben werden, sich ihre Attraktivität durch den sexuellen Kontakt mit vielen Männern zu bestätigen.[18] Sowohl das Nehmen von VIELEN Sexualpartnern als auch das Nehmen von GELD für Sex gelten im allgemeinen als Beweis für die neurotische Trennung von Sexualität und Liebe bei der Frau. Dieses psychologische Persönlichkeitsprofil tauchte zusammen mit einem medizinischen Modell im 19. und 20. Jahrhundert auf und ersetzte – oder ergänzte – frühere religiöse Theorien über die Unmoral und Sünde der Hure.[19]

Gesellschaftsbewußtere Interpretationen von der Motivation der Hure konzentrieren sich auf ökonomische Faktoren wie weibliche Armut und Arbeitslosigkeit[20] und/oder patriarchalische Faktoren, wie zum Beispiel Zwang oder Gewalt gegen Frauen[21]. Die Prostituierte wird dann zwangsläufig als arme, oft aus der Dritten Welt stammende, mißbrauchte Frau beschrieben. Frauen, die als normal gelten, würden DAS NICHT TUN, außer sie werden durch Not, Vorurteile und/oder Gewalt dazu gezwungen.

Ehe wir die obigen Persönlichkeitsprofile im Licht der Hurenrealität untersuchen, sollten wir noch einen Blick auf die psychologische Analyse des Freiers und des Zuhälters werfen. Wie bereits im vorhergehenden Abschnitt erwähnt, werden Promiskuität und die Trennung von Sex und Liebe als typisch für Männer betrachtet. Begriffe wie VIELE und GELD, die die weibliche Unehre bestimmen, sind auf rechtlicher und gesellschaftlicher Ebene keine zwangsläufigen Kriterien für männliche Unwürdigkeit. Psychologisch werden jedoch auch die Kunden als neurotisch betrachtet, weil sie »das Begehren und die Liebe trennen. Wo diese Männer lieben, begehren sie nicht, und wo sie begehren, können sie nicht lieben.«[22] Entwicklungspsychologisch heißt es, der Freier habe seine ersten erotischen Erfahrungen mit einer standesgemäß tiefer stehenden Frau gemacht, die ihn unerwartet und auf traumatische Weise verlassen habe. Diese Frau kann beispielsweise eine Magd gewesen sein, die während der Kindheit des Jungen willkürlich entlassen wurde.[23]

Vor Freud hielten es Philosophen und Mediziner für normal, daß die Frau frigide ist und ihr Mann eine Dirne besucht.[24] Freud behauptete dagegen, eine normale Entwicklung befähige den Mann dazu, dasselbe Objekt zu lieben und zu begehren. Er gab jedoch auch zu:

»Die zärtliche und die sinnliche Strömung sind bei den wenigsten unter den Gebildeten gehörig miteinander verschmolzen; fast immer fühlt sich der Mann in seiner sexuellen Betätigung durch den Respekt vor dem Weibe beengt und entwickelt seine volle Potenz erst, wenn er ein erniedrigtes Sexualobjekt vor sich hat, was wiederum durch den Umstand mitbegründet ist, daß in seine Sexualziele perverse Komponenten eingehen, die er am geachteten Weibe zu befriedigen sich nicht getraut.«[25]

Noch schärfer ist die Behauptung einer Psychoanalytikerin, daß der »Mann, der bezahlt, bei einer Frau, die er nicht verachtet, sexuell nicht potent sein kann«[26]. Diese Analytikerin definiert Prostitution als »eine provisorische Ehe zwischen der Männerhasserin und dem Frauenhasser«[27]. Daraus läßt sich schließen, daß zumindest psychoanalytische Theoretiker die Trennung der Liebe vom Sex sowohl bei Männern als auch bei Frauen für neurotisch halten. Doch während eine solche Trennung bei Männern üblich ist, gilt sie bei Frauen als abweichend. Und während es von den Freiern heißt, sie hassen die Frauen, die sie begehren, und erleben Impotenz bei denen, die sie lieben, heißt es von Huren, sie hassen alle Männer und seien immer frigide. In anderen Worten: Er kann sexuell nicht lieben, und sie kann überhaupt nicht lieben.

Der Zuhälter wird wie die Hure als rachsüchtig, haßerfüllt, impotent und latent homosexuell analysiert. In psychologischen Abhandlungen werden eher gesellschaftliche als rechtliche Definitionen des Zuhälters übernommen, und damit werden Drittpartner wie Manager und Partner, mit denen die Frauen keine Liebesbeziehung haben, völlig übergangen. Während die Hure angeblich masochistisch ist, ist der Zuhälter angeblich sadistisch. Beziehungen zwischen Huren und Zuhältern »beruhen nicht auf sexuellem Verlangen«, behauptet eine Analytikerin, »es handelt sich um nahezu keusche Verbindungen zwischen impotenten Männern und frigiden Frauen«[28]. Von Zuhältern wird gesagt, daß sie auf ihre Mütter fixiert, verängstigt von ihren Vätern und eifersüchtig auf ihre Schwestern seien.[29] Das Ziel der Hure sei es, sich an ihrem Vater zu rächen, indem sie seine Tochter erniedrigt, das heißt sich selbst. Das Ziel des Zuhälters sei es, das mütterliche Ideal zu beschmutzen – das ihm seine Männlichkeit gekostet hat –, indem er aus seiner Mutter eine Dirne, das heißt eine erniedrigte Frau, macht. »So begegnen sich die Selbsterniedrigte und der Erniediger in einem sadomasochistischen Koitus. Zwei Neurotiker können sich somit in der Absicht vereinigen, nicht etwas zu erschaffen, sondern etwas zu zerstören.«[30]

Die Vertreter des sozialpsychologischen Ansatzes neigen dazu, die psychoanalytischen Interpretationen als Verleugnung der harten Realität abzutun. Frauen, sagen sie, werden Huren wegen des Einkommens, das die Prostitution ermöglicht, oder weil sie dazu gezwungen werden. Männer sind Kunden, weil es erstens schon immer eine sexuelle Doppelmoral gegeben hat, die Männern eine sexuelle Freiheit erlaubt, aber für Frauen verboten ist. Und zweitens haben Männer mehr Geld und Bewegungsfreiheit als Frauen. Männer werden nach dieser Theorie wegen des Geldes Zuhälter; wenn sie gewalttätig sind, dann deshalb, weil Männer dazu sozialisiert werden, Frustration und Wut durch Herrschaft und Zerstörung auszudrücken. Die Zuhälter hält man genauso wie die Huren für ökonomisch und gesellschaftlich unterdrückt. Anders als bei den psychoanalytischen Interpretationen wird bei solchen sozialpsychologischen Argumenten vermieden, die Frauen für unehrenhaft und die Männer für schuldig zu erklären. Sie benennen eher die Gesellschaft als die Persönlichkeit als Ursache für das gestörte Gleichgewicht.

Es ist nicht ungerechtfertigt, *auch* individuelle Merkmale zu untersuchen, wenn man die Prostitution verstehen will. Psychologische Fragen und Interpretationen können tatsächlich hilfreich und für unsere Zwecke äußerst wichtig sein, und sie können Prostituierten eine verbesserte Selbstwahrnehmung und Stärke vermitteln. Statt die Psychologie abzulehnen, sollten wir sie einbeziehen, wenn wir das obige Persönlichkeitsprofil aus der Sicht der Prostituierten untersuchen.

Die Darstellung der psychologischen Neigung, der wirtschaftlichen Not und des durch Zuhälter ausgeübten Zwanges ist nicht grundsätzlich falsch. Falsch ist jedoch anzunehmen, daß Prostituierte im Vergleich zu anderen Frauen neurotischer sind, finanziell bedürftiger (aufgrund von Armut oder Gier) und daß sie in bestimmte Lebensformen gezwungen werden. Mag das nun die Freiheit der Huren oder die Unfreiheit der Nicht-Huren signalisieren, die obigen Vergleiche sind nicht bewiesen worden und haben die Funktion, Prostituierte zu erniedrigen und zu isolieren. Ein Beweis dafür, wie haltlos solche Vergleiche sind, ist der, daß sie die große Vielfalt unter Prostituierten mißachten. Die meisten Untersuchungen über Prostituierte sind an Strafgefangenen, Patientinnen oder Straßenprostituierten durchgeführt worden. Drogenabhängige und minderjährige Mädchen sind in diesen Gruppen überrepräsentiert, und die Übertragung dieser Ergebnisse auf alle Prostituierte sind eindeutig grobe Verzerrungen. Ein anderer Beweis für die Haltlosigkeit dieser Vergleiche ist der, daß sie sich ausschließlich auf bestimmte Formen des Elends und unglückliche Umstände konzentrieren. Die Persönlichkeit der Prostituierten gilt dann als vollkommen bestimmt durch diese Faktoren. Es gibt reichlich Literatur zum Beweis, daß wirtschaftliche Not und Zwang – psychologisch, traditionell oder physisch – die Lebensformen von Frauen beeinträchtigen. Grundsätzlich unterliegen alle Frauen diesen Bedingungen, die unterschiedlichen Umgehensweisen – Ehefrau oder Prostituierte zu werden – sind jedoch nicht gleichermaßen anerkannt.[31]

Die angebliche Unehre der Hure liegt zum Teil in ihrem Versagen, das Dilemma der wirtschaftlichen und gesellschaftlichen Unterordnung der Frau durch eine Eheschließung zu lösen (obwohl viele Huren verheiratet sind). Psychoanalytiker erklären dieses Versagen mit den oben erwähnten Theorien über Kindesmißhandlung und -vernachlässigung, Frigidität, Lesbentum und Feindseligkeit gegenüber Männern. Da die Allgemeinheit dazu neigt, diese psychoanalytischen Erklärungsmodelle zu übernehmen, soll jede einzelne im Licht der Forschung und der Hurenrealität überprüft werden.

Untersuchungen haben gezeigt, daß der Prozentsatz von den Eltern vernachlässigter oder sexuell mißbrauchter Mädchen bei minderjährigen Prostituierten höher liegt als bei anderen Jugendlichen.[32] Dieser Unterschied ist bei erwachsenen Frauen weniger auffällig, aber auch bei erwachsenen Huren scheinen Mißbrauchserfahrungen häufiger vorzukommen als bei erwachsenen Nicht-Huren.[33] Das soll auf keinen Fall heißen, daß sexuelle Mißbrauchserfahrungen während der Kindheit nicht auch unter Nicht-Huren verbreitet sind oder daß es nicht viele Huren gibt, die nicht mißbraucht wurden. Verschiedene Huren, die Mißbrauchserfahrungen haben, benennen dafür, daß sie Prostituierte wurden und als Kinder mißbraucht wurden, folgende Zusammenhänge:
1) die Wiederaneignung der Kontrolle über ihre Sexualität,
2) die Möglichkeit, Bedingungen für eine sexuelle Begegnung zu bestimmen,
3) die Rache an ihrem Vater,
4) die Trennung des Sexes von der Intimität,
5) als junger Mensch selbständig sein, indem sie 'ihr eigenes Geld verdienen,
6) Selbstzerstörung,
7) das Hurenetikett, das man ihnen angeheftet hat, ausleben.

Eine Hure mit Inzesterfahrung sagte: »Als ich meinen ersten Freier machte, hatte ich zum erstenmal das Gefühl, die Kontrolle über meine Sexualität zu haben.« »Ich hatte das Gefühl, mich an meinem Vater zu rächen«, erklärte eine andere, womit sie die psychoanalytische Theorie bestätigt. »Prostitution war einfach die einzige Art zu überleben, nachdem ich von zu Hause weggelaufen bin«, erinnerte sich eine junge Hure. »Bei meinen Erfahrungen hatte ich nichts zu verlieren«, sagte eine andere, »darum war es leicht, anschaffen zu gehen.« Für viele Prostituierte, die als Mädchen mißbraucht worden sind, scheint die Prostitution eine Kombination aus wirtschaftlicher Überlebensmöglichkeit und psychologischer Reaktion oder Entschädigung zu sein. Diese Bedürfnisse sind jedoch nicht auf Huren beschränkt. Nicht-

Prostituierte, die Opfer sexuellen Mißbrauchs waren, haben in den letzten Jahren angefangen, ihre Väter wegen der Schäden, die ihnen während der Kindheit zugefügt wurden, zu verklagen.[35] Vielleicht nehmen die Huren-Opfer statt dessen symbolisch aus den Taschen anderer Männer Daddy's Geld an sich. Einige erfahren den sexuellen Tausch als erniedrigend oder selbstzerstörerisch, andere erleben ihn als Freiheit, Vergnügen oder trotzige Genugtuung.

Was die Behauptung betrifft, Huren seien frigide Frauen, haben Untersuchungen an einer großen Zahl von Prostituierten gezeigt, daß Prostituierte *in ihrem Privatleben* sexuell empfänglicher sind als Nicht-Prostituierte.[36] Die Unterscheidung zwischen Privatleben und Berufsleben mag verantwortlich sein für das Stereotyp der Frigidität. Gewöhnlich können Huren sich bei der Arbeit tatsächlich vom Sex distanzieren. »Für ihn ist es Sex«, sagte eine Hure, »für mich ist es Arbeit.« Die meisten Prostituierten stimmen darin überein, daß sie in der Lage sind, Liebe von Sex zu trennen. Diese Fähigkeit wird als eine Fertigkeit im Gewerbe betrachtet. Eine Ex-Hure gestand: »Ich war keine gute Hure – jede Begegnung nahm ich immer wieder persönlich.« Das Bedürfnis nach einer solchen Distanz beim Job darf jedoch nicht so verstanden werden, daß diese Distanz auch in Beziehungen zu Kollegen oder Freunden besteht. Bei einem Treffen von Huren und Nicht-Huren fragte eine feministische Nicht-Hure: »Welche Auswirkungen hat das auf dein sonstiges Gefühlsleben, wenn du bei den Kunden ständig deine Gefühle ausschaltest?« Eine Ex-Hure antwortete: »Gegenüber Frauen und Männern wurde ich als Prostituierte emotional freier. Beim Job warst du, wer du warst, und das war gut, du konntest einfach du selbst sein. Huren sind viel emotionaler als andere Frauen.« »Nur weil du dich emotional nicht auf deine Kunden einläßt, heißt das nicht, du seist keine emotionale Person«, erwiderte eine andere Frau. Eine Hure gestand, daß das Zurückhalten des Orgasmus bei Kunden – früher ein Berufsethos unter Huren ihres Milieus – ihre Orgasmusfähigkeit bei ihren Liebhabern hemmte: »Darum fing ich an, mich bei der Arbeit gehenzulassen. Ich beschloß, das Üben zu nennen.« In anderen Worten, die Trennung der Sexarbeit von Liebesbeziehungen bedeutet nicht die Unfähigkeit, zu lieben oder sexuell empfänglich zu sein.

Theoretische Behauptungen, daß der Anteil von Lesben unter Prostituierten hoch sei, sind genauso wenig belegt wie die Behauptung von der hohen Frigiditätsrate[37] (einmal davon abgesehen, daß diese Parallele nicht glücklich gewählt ist). Feministinnen sind manchmal sogar entsetzt darüber, daß nicht-feministische Prostituierte genauso große Angst vor Lesben haben wie ›traditionelle‹ Frauen. Manche Prostituierte haben sexuelle Erfahrungen mit Frauen bei der Arbeit gemacht (in den Vereinigten Staaten, wo der Mann nicht mitgezählt wird, nennt man das ein »Doppel«, in Europa einen »Dreier«), aber diese Begegnungen werden selten als ›etwas Lesbisches‹ erlebt. Natürlich gibt es Lesben unter Prostituierten,[38] und diese Frauen bestehen mit einer noch größeren Selbstverständlichkeit als heterosexuelle Prostituierte darauf, daß sie ihre Arbeit von ihrem privaten Liebesleben trennen können.

Hinsichtlich der behaupteten Feindseligkeit von Huren gegenüber Männern gibt es keinen Beweis dafür, daß Huren Männern gegenüber feindseliger eingestellt sind als andere Frauen. Eine Nicht-Hure sagte: »Ich hatte geglaubt, Prostituierte würden Männer hassen, aber sie tun es nicht ... sie scheinen nur weniger Illusionen als andere heterosexuelle Frauen zu haben.« Eine Hure, die 27 Jahre lang anschaffen ging, meinte: »Ich habe Männer *aus*gelacht, und ich habe *mit* Männern gelacht. Es gibt nette und weniger nette Männer.« Eine andere Hure unterschied so: »Ich liebe meinen Mann, und er ist der einzige, dem ich mich hingebe. Ich hasse Freier.« Ein Callgirl mit regelmäßigem Kundenstamm sagte: »Ich liebe meine Kunden einfach.« Eine Hure mit einem privaten Massagesalon schränkte ein: »Ich nehme nur die Liebenswürdigen.« Bei einem Gespräch zwischen zwei Huren fragte eine: »War er nett? Hat er gut gefickt?« Die andere war entsetzt: »Ich weiß nicht, ob er nett war. Aber auf jeden Fall weiß ich oder interessiert es mich nicht, ob er gut fickt. Er hat gut bezahlt, das ist alles, was mich interessiert – wenn ich Zuneigung und Sex brauche, gehe ich zu meinem Freund!«

Mit einem auffälligen Mangel an Zorn oder Erwartungen äußern sich manche Huren allgemein herabsetzend über Männer: »Es ist so lächerlich, wenn Frauen glauben, Huren würden ihnen den Mann wegnehmen. Die Huren wissen, daß kein Mann es wert ist.« Eine andere Hure beschrieb Männer so: »Ach, sie sind so kleine Wesen.«

Urteile über Männer, die mit Prostituierten zu tun haben, betreffen eher Zuhälter als Freier. Da die Zahl der Männer, die

Prostituierte aufsuchen, sehr groß ist,[39] und da Freier nicht als eine Bevölkerungsgruppe mit abweichendem Verhalten wahrgenommen werden, bleibt Raum, um sich darunter eine realistische Vielfalt vorzustellen. Die Fähigkeit, Begehren und Liebe voneinander zu trennen, was bei Frauen als neurotisch gilt, wird bei Männern als »typisch männlich« empfunden. Trotzdem kennen Prostituierte jede Menge Geschichten über die Persönlichkeiten, Bedürfnisse und sexuellen Vorlieben ihrer Kunden. Diese Geschichten sind entmystifizierend für Männer, da sie solche Intimitäten untereinander eher nicht austauschen, und sie sind entmystifizierend für Nicht-Huren, da man von diesen Frauen erwartet, nur einen Mann zu kennen und dann nicht seine perversesten Seiten.

Während man sich einerseits die Hure weder als Ehefrau noch als Mutter vorstellen kann,[40] glaubt man andererseits interessanterweise, daß der Freier die »geheime Seite« eines jeden Mannes ist. Während Frauen, die als Prostituierte arbeiten, ausschließlich als Huren betrachtet werden, geht man bei Männern, die mit Prostituierten verkehren, davon aus, daß sie sich von ihrem sonstigen öffentlichen Leben ablenken. Angeblich stecken in einer Hure die Geheimnisse aller Frauen, während jeder Mann seine persönlichen Geheimnisse mit den Huren teilt. In Wirklichkeit hat natürlich auch jede Frau ein eigenes Ich – das oft mehr in der Phantasie als in Taten zum Ausdruck kommt – , und auch Huren haben Beziehungen und Interessen außerhalb der Prostitution.

Die übliche Tendenz, das schurkenhafte Image des Zuhälters zu generalisieren, ist bereits in den obigen Erörterungen hinsichtlich der legalen und gesellschaftlichen Verhältnisse angesprochen worden. Da jeder Mann, der mit Huren verkehrt, als Zuhälter bezeichnet werden kann, sei er nun ihr Liebhaber, Freund, Mitbewohner, Hotelmanager usw., ist das psychoanalytische Profil offensichtlich nicht auf alle rechtlich definierten Zuhälter anwendbar. Das Bild des rachsüchtigen, impotenten, gewalttätigen und latent homosexuellen Mannes mag auf manche Zuhälter zutreffen, genauso wie es auf manchen Ehemann zutrifft. Doch Stereotypen, die alle Zuhälter als böse abstempeln, sind in der Tat genauso übertriebene Verallgemeinerungen wie das Stereotyp vom freundlichen Ehemann. Untersuchungen aus den letzten zehn Jahren haben in Ehen weitaus mehr Männergewalt festgestellt als erwartet. Demgegenüber ist die *von Zuhältern* an Prostituierten ausgeübte Gewalt weitaus geringer als angenommen.[42]

Eine Sozialarbeiterin der holländischen Heilsarmee, die seit dreißig Jahren im Rotlichtviertel von Amsterdam gearbeitet hat: »Die meisten Zuhälter sind richtige Glucken – sie hängen den ganzen Tag zu Hause rum.« Berichte von Prostituierten legen nahe, daß die meisten Übergriffe nicht von den Zuhältern ausgehen, sondern von der Polizei (vor allem in Ländern wie den Vereinigten Staaten und Frankreich, wo strenge Verbote die Korruption der Polizei fördern) und von den Kunden (insbesondere auf dem Straßenstrich, wo den Prostituierten keine Einrichtungen wie Hotels oder Studios zur Verfügung stehen und die Frauen damit gezwungen sind, in Autos oder in Gassen zu arbeiten). Je mehr Gewalt von der Polizei oder den Kunden droht, desto mehr brauchen die Huren paradoxer-, aber konsequenterweise einen Zuhälter. In Ländern wie den Vereinigten Staaten, wo Huren offiziell Kriminelle sind, verzeichnet man die größte Mordrate an Huren, wovon die meisten Morde durch Wahnsinnige verübt werden, die »der Polizei beim Säubern der Straßen helfen« und »die Frauen dafür bestrafen, daß sie Prostituierte sind«[43].

Eine Hure kommt weit öfter durch eigene Initiative als durch Gewalt zu einem Zuhälter;[44] sie braucht ihn, damit er sie vor Übergriffen durch die Polizei, Kunden und unberechenbare Männer schützt. Eigentlich sollen Zuhälter, wie Ehemänner auch, Partner und Beschützer sein. Leider haben viele Huren die Erfahrung gemacht, »daß sie meistens nicht da sind, wenn du sie brauchst«. Die Huren-Zuhälter-Beziehung unterscheidet sich von der Ehefrau-Ehemann-Beziehung, abgesehen von der Illegalität der ersteren, meist nur durch zwei Faktoren: Erstens ist die Hure Alleinverdienerin (was für Männer akzeptabel ist). Und zweitens hat der Zuhälter manchmal zwei oder mehr Beziehungen zu Frauen gleichzeitig (was in vielen Ländern der Dritten Welt akzeptabel ist und was verdeckt von vielen Männern auf der ganzen Welt praktiziert wird). Diese Parallelen sollen die Huren-Zuhälter-Beziehung nicht glorifizieren. Viele Zuhälter mißhandeln Frauen, und diese Mißhandlungen mögen sehr wohl eine Wiederholung der Mißhandlung durch die Eltern in der Kindheit sein, die Verhaltensmuster der Entwürdigung und des Hasses erzeugten. Doch Prostituierte, die von ihren Zuhältern mißhandelt werden, können trotzdem in einer besseren Position sein als nichterwerbstätige Hausfrauen mit mißhandelnden Männern, da sie finanziell unabhängiger sind.[45] Die zuvor erwähnte Amsterdamer Sozialarbeiterin der Heilsarmee berichtete: »Jedesmal wenn die Mädchen einen Freund satt hatten, riefen sie einfach die Polizei an und zeigten ihn als Zuhälter an.« Die meisten Länder sind nicht so entgegenkommend, und auch in den Niederlanden fürchten sich Huren, genauso wie Ehefrauen, aus Angst vor Repressalien oft, ihren Mann anzuzeigen.

Ungeachtet dessen handelt es sich bei dem Verhältnis der Hure zum Zuhälter anders als bei dem Verhältnis der Hure zur Polizei oder der Hure zum Kunden um eine persönliche Beziehung, die psychologische Konflikte in sich birgt, die allen intimen Verhältnissen eigen sind. Huren wehren sich gegen die pauschalisierenden Angriffe von Feministinnen oder Sozialistinnen gegen Zuhälter, weil Zuhälter ihre *persönlichen* Freunde, Liebhaber oder Feinde sind. Ein Angriff gegen den eigenen Partner, ob im guten oder im bösen, ist ein Angriff gegen die von einem selbst getroffene Wahl und gegen die eigene Unabhängigkeit. Wenn die Beziehung einer Hure problematisch ist, dann will sie dasselbe Recht haben, diese Probleme zu lösen, wie jede andere Frau in ihrem Privatleben auch. Natürlich ist öffentliche Unterstützung für geschlagene Frauen wichtig, ob ihr Mann nun der Ehemann oder der Zuhälter oder beides ist; und diese Unterstützung muß unbedingt die Wahrnehmungen, Bedürfnisse und Wünsche der Frauen respektieren.

Strategie der radikalen Ideologen: Huren bessern, Zuhälter bestrafen, Freier entmutigen

Huren, Freier und Zuhälter werden nicht nur durch traditionelle Gesetze, Einstellungen und psychologische Theorien verachtet und schuldig gesprochen, sondern auch durch progressive Ideologien. Besonders wichtig sind die Ideologien des Feminismus und Sozialismus, weil es sich dabei um Bewegungen zur Befreiung der Frauen und Arbeiter handelt. Huren gehören zu den am meisten unterdrückten Arbeiterinnen. Sie werden tatsächlich kriminalisiert und aus der Gesellschaft verbannt, weil sie ihre Weiblichkeit in direkter sexueller Form verkaufen. Die feministische und sozialistische Antwort auf die Lage der Huren bestand bisher hauptsächlich in dem Ruf nach Abschaffung der Prostitution. Die Strategien laufen typischerweise darauf hinaus, die Huren zu bessern, die Zuhälter zu bestrafen und die Freier zu entmutigen. Das Ziel solcher Strategien ist es paradoxerweise, die Arbeiter zu befreien, indem die Arbeit abgeschafft wird. Doch die Huren werden nicht als Arbeiterinnen angesehen. Prostitution wird als die äußerste Form der Objektmachung von Frauen und als die äußerste Form von entfremdeter Arbeit empfunden. Huren werden daher als die prototypischen Opfer des Patriarchats und Kapitalismus betrachtet. Eine Stärkung der Prostituierten innerhalb ihrer Tätigkeit wäre gemäß dieser Analyse ein ideologischer Widerspruch in sich.

Tätigkeiten, wie zum Beispiel Fabrik-, Büro- oder Heimarbeit, deren Arbeitsbedingungen mit denen im Prostitutionsbereich vergleichbar sind, erfreuen sich eines legitimen Status, der der Prostitution verwehrt wird. Während die Arbeiterinnen in diesen Bereichen darin bestärkt werden, sich zu organisieren und bessere Arbeitsbedingungen zu fordern, werden Prostituierte aufgefordert, die Prostitution aufzugeben. Und während außerhalb der Prostitution Frauen in Beziehungen mit Männern ermutigt werden, innerhalb der Beziehung mehr Macht zu ergreifen, werden Prostituierte ermutigt, sich von Männern, die sie als Prostituierte kennen, zu trennen. Grundsätzlich plädieren viele Feministinnen und Sozialisten, genauso wie viele Konservative, eher für eine Flucht und Veränderung der Prostituierten als für den Widerstand und die Stärkung der Prostituierten innerhalb ihrer Tätigkeit. Frauen, die die Selbstbestimmung *als Prostituierte* fordern, verlieren den Opferstatus und die ideologische Unterstützung. In anderen Worten, die Hure wird entweder als ein Opfer des Systems oder als eine Kollaborateurin des Systems eingestuft. Auf jeden Fall wird sie nicht als Verbündete im Kampf um das Überleben und die Befreiung angesehen.

Diese Betrachtungsweise wird jedoch nicht von allen Feministinnen oder Sozialistinnen geteilt, denn einige von ihnen unterstützen den Kampf um die Rechte der Prostituierten tatkräftig.[46] Der obige ideologische Standpunkt war allerdings in den letzten hundert Jahren im Westen vorherrschend[47] und führte dazu, daß die meisten Prostituierten gegenüber gesellschaftlichen Aktivisten argwöhnisch waren. Bei der unterschwelligen Botschaft dieser abolitionistischen Ideologie geht es wieder einmal um weibliche Unehre und männliche Unwürdigkeit: Die

Huren werden als verlorene Frauen – Opfer – oder als schlechte Frauen – Kollaborateurinnen – ausgestoßen. Freier und Zuhälter sind eindeutig unwürdige Vertreter der Unterdrückung.

Manchmal wird die Ehe mit der Prostitution verglichen. Die Hausfrauen gelten dann zwar nicht als Opfer oder als Kollaborateurinnen, sondern als angepaßt oder ›in die Falle gegangen‹. Die Ehemänner werden zu Vertretern der Unterdrückung. Aus einer bestimmten politischen Sicht erscheint dann das Verhältnis zwischen Ehefrau und Ehemann genauso suspekt und unausgewogen wie das von Zuhälter und Hure. Die Ehe wird jedoch aufgrund ihrer großen Verbreitung als alltägliche Erscheinung anerkannt, wobei Feministinnen und Sozialistinnen beständig die Idee von der befreiten Ehe propagieren. Die Prostitution dagegen bleibt abstrakt und die Prostituierte definitionsgemäß unbefreit.

Die Prostitution bleibt in politisch progressiven Gruppen ein Abstraktum, weil persönliche Erfahrungen und die Identifikation mit der Prostituiertenszene tabu sind. Durch die Unehre der Huren und die Unwürdigkeit ihrer Partner würden diejenigen, die Prostitutionserfahrungen gestehen, als politisch inkorrekt und unglaubwürdig angesehen werden. Huren können viel darüber berichten, warum sie Kontakte mit Radikalen vermieden oder ihre Identität in radikaler Gesellschaft verschwiegen haben und welche Ängste oder Mißbilligungen sie erleben mußten, wenn sie offen über ihr Leben sprachen. Das soll nicht heißen, daß sie in konservativen Kreisen weniger befangen sind, aber bei Radikalen fürchten sie, daß diese ihr Urteil nicht nur ideologisch, sondern auch rechtlich, gesellschaftlich und psychologisch begründen.

Eine Hure sagte: »Lieber gehe ich mitten in der Nacht allein auf irgendeiner Straße, als daß ich einer Gruppe von Feministinnen gegenübertrete.« Eine andere Frau, die selbst aktive Feministin ist, verschweigt unter Feministinnen ihre Hurenidentität und beteuert, daß »sie für ein Coming-out ›als Hure‹ noch nicht so weit ist«. Eine Ex-Hure, die seit zwölf Jahren in der Frauenbewegung aktiv ist, gab zu: »Ich würde es nicht wagen, meinen feministischen Freundinnen zu erzählen, daß ich die schauspielerischen Fähigkeiten, die ich jetzt in die Bewegung einbringe, in Hardpornos gelernt habe.«

In einigen Ländern wie Schweden haben Feministinnen und Sozialistinnen ein starkes Bündnis »gegen Prostitution und Pornographie« gebildet. »Sie rauben uns unser Einkommen, unsere Kinder, unsere Würde und unsere Rechte, und sie glauben, sie retten uns«, kritisierte eine Hure. Auch in Kanada und den Vereinigten Staaten verbündeten sich einige Feministinnen und Konservative, um das Land von der Pornographie zu säubern. Eine kanadische Hure sagte: »Diese Feministinnen, die die Pornographie verbieten wollen, sind gegen die gesamte Sexindustrie, also sind sie gegen uns Huren. Trotzdem sind wir auch Feministinnen.« Ja, viele Huren verstehen sich als Feministinnen. Eine Amerikanerin beschrieb das so: »Wir Huren sind das Fußvolk der Frauenbewegung.« Eine Schweizer Hure sagte: »Nach fünf Jahren außerhalb des Milieus kehrte ich zurück in die Prostitution, nicht wegen des Geldes, sondern wegen der Revolution.«

Die meisten Prostituierten sind jedoch keine politischen Aktivistinnen. Wie andere Arbeiterinnen auch konzentrieren sie sich auf ihr eigenes wirtschaftliches Überleben und das der Familie. Diese Frauen protestieren gegen jede radikale Ideologie, wenn sie Huren die eigentliche Selbstbestimmung verwehrt:

»Ich will einfach nur die Arbeit machen, von der ich weiß, daß ich dabei das meiste Geld, die größte Autonomie und die größte Mobilität habe. Ich bin eine Prostituierte.«

»Ohne die Prostitution hätte ich mir nie eine höhere Schule leisten können. Ich habe die Arbeit gehaßt, aber noch mehr haßte ich es, arm und ungebildet zu sein. Jetzt habe ich den Beruf, den ich mir wünschte, aber es wäre mein Ende, wenn jemand wüßte, wie ich hierher gekommen bin.«

Einige Huren wehren sich dagegen, als Symbol der zum Objekt gemachten Frau und entfremdeter Arbeit zu gelten und dafür dann zum Sündenbock gemacht zu werden. Prostituierte aus Holland, England, Kanada und den USA formulierten ihre Unzufriedenheit darüber:

»Werden nicht auch andere Frauen zum Objekt gemacht?«

»Machen andere keine entfremdete Arbeit?«

»Als Sekretärin wurde ich mehr benutzt als als Hure, und dafür bin ich nicht bezahlt worden.«

»Bei meiner Arbeit für die Telefongesellschaft kletterte ich auf Telefonmasten, weißt du, weil ich einen nichttraditionellen Job mit körperlicher Arbeit wollte ... aber weißt du, ich kam nicht nur jeden Tag erschöpft nach Hause, sondern ich wurde bei der Arbeit noch zusätzlich von den Kerlen belästigt. Die Arbeit als Prostituierte im Massagesalon laugt einen weit weniger aus, und trotzdem bekomme ich hier das Gefühl, eine Frau zu sein, die sich durchsetzt.«

»Warum lehnt man uns ab, wenn wir unseren sexuellen Wert verkaufen, obwohl andere Frauen es auf die eine oder andere Art ständig tun?«

»Wenn die Prostitution anerkannt wäre, könnte ich auf der Schule für Sozialarbeit offen darüber sprechen, wo ich es gelernt habe, zuzuhören und die Verletzbarkeit der Menschen zu verstehen.«

»Ich habe vier schreckliche Jahre in der Prostitution verbracht, und jetzt bin ich Bäckerin und liebe den Job. Ich habe mich auch stark in der feministischen Bewegung engagiert, aber ich traue mich nicht, über meinen vorhergehenden Job zu sprechen. Die wenigen Frauen, denen ich es erzählt habe, fingen an, sich mir gegenüber merkwürdig zu verhalten, so als wäre ich keine normale Frau.«

Die weibliche Rolle der Prostituierten stößt auf eine Mischung aus radikaler Verachtung, Mitleid, Unterstützung und Opposition. Die Prostituierte wird einerseits als ›traditionelle‹ Frau, die die Radikalen verachten, und andererseits als rechtlose Frau, die von Radikalen unterstützt wird, wahrgenommen. Außerdem ist sie nicht nur eine Arbeiterin, mit der Radikale um Menschenrechte kämpfen, sondern auch ein Symbol, gegen das Radikale ideologische Kämpfe führen. Grundsätzlich ist die Prostitution eher ein verwirrendes und beunruhigendes Thema innerhalb progressiver Bewegungen. Die Ablehnung gesellschaftlicher Außenseiter durch gesellschaftliche Neuerer ist sowohl für den Außenseiter als auch für den Neuerer bestürzend. Abolitionistische Reformer bestehen darauf, daß sie nicht die Prostituierte ablehnen, sondern die Prostitution als Institution. Doch indem sie ihre Unterstützung nur den Frauen gewähren, die ihren Beruf aufgeben, nähren auch sie vor allem die Auffassung von der Unehre der Prostituierten.

Zusammenfassung

Diese Untersuchung über die weibliche Unehre und die männliche Unwürdigkeit hat gezeigt, daß die gängigen Vorstellungen, die der Definition der Hure als Prostituierten zugrunde liegen, die Realität von Huren verzerrt widerspiegeln, die Autonomie von Huren leugnen und die Partner der Huren herabsetzen. Gesetze und Einstellungen zur Prostitution berauben Huren nicht nur ihrer Würde und Teilnahme an dieser Gesellschaft, sondern sie tolerieren auch die Heuchelei der Kunden und erwarten die Gewalttätigkeit von Zuhältern. Erwachsenen Frauen, die als Prostituierte arbeiten, unterstellt man, nicht für sich selbst sprechen oder ihr eigenes Leben bestimmen zu können; sie werden wie eigensinnige Kinder behandelt. Männer, die Kunden von Prostituierten sind, hält man nicht für so mutig oder aufrichtig, um öffentlich die Rechte der Huren zu unterstützen; und Männer, die von Einnahmen aus der Prostitution abhängig sind, gelten als zu wenig integer, um eine vertraglich geregelte Arbeit zu akzeptieren. Wer eine Hure als eine Frau definiert, die ihre Ehre für Geld verkauft, indem sie ihren Körper Männern für unwürdige Zwecke zur Verfügung stellt, seien sie nun sexueller oder finanzieller Art, trägt dazu bei, daß die Frauen sich zurückziehen und daß sich die Männer unmenschlich verhalten. Die Wörterbuchdefinitionen unterscheiden zwischen der Prostituierten als Sexarbeiterin und sich prostituieren als einem entehrenden Akt zu unwürdigen Zwecken. Eine neutrale Definition der Hure als Sexarbeiterin würde es erlauben, daß es auch auf dem Gebiet der Sexgeschäfte ehrenwerte Frauen und würdige Männer gäbe.

Doch Begriffe wie Ehre und Wert werden weiterhin unsere Vorstellungen und unsere Gesetze prägen. Das Ziel ist nicht, diese Werte abzuschaffen, sondern sie mit den Menschenrechten in Einklang zu bringen. Rechtliche, gesellschaftliche und psychologische Autoritäten könnten diesen Einklang, statt ihn wie bislang zu sabotieren, fördern, indem sie das Stigma, das der Prostitution anhaftet, beseitigen. Und die Linksliberalen könnten diesen Prozeß unterstützen, indem sie das Selbst-Bewußtsein und den Aktivismus der Huren in ihre Befreiungskämpfe integrieren.

Anmerkungen

1 Die erste Konferenz fand 1982 in Kijkduin, Holland, statt, die zweite 1984 in Amsterdam. Siehe: Hanneke Acker (Hrsg.), Verslag Studieconferentie, Prostitutie en Gemeentelijk Beleid. Stadtverwaltung Amsterdam: Koordination der Frauenemanzipation, 1984.

2 Emancipatiezaken, Nota ter Bestrijding van Seksueel Geweld tegen Vrouwen en Meisjes. Kamerstuk 18542, Nr. 1-2, T. K. 1983-84, S. 50.

3 Männliche Prostituierte, die zum größten Teil männliche Kunden bedienen, sind nicht Gegenstand dieser Studie. Ebensowenig werden weibliche Kunden behandelt, deren Zahl im Vergleich zu männlichen Kunden winzig ist.

4 Wenn nicht anders angegeben, stammen alle Informationen und Zitate aus Gesprächen mit insgesamt ca. 200 Prostituierten und Ex-Prostituierten in Westeuropa und Nordamerika. Ein Großteil der Daten stammt aus den Niederlanden und den Vereinigten Staaten.

5 Im amerikanischen Slang heißt Kunde »trick«. Der Begriff wurde von Prostituierten in den USA geprägt, weil die Kunden normalerweise durch Tricks versuchen, Sex kostenlos oder billig von Huren zu bekommen. Die erste Prostituiertenorganisation der Vereinigten Staaten, COYOTE, prägte den Ausspruch: »Der Trick wird nicht gefaßt«, um darauf hinzuweisen, daß die Tricks der Kunden nicht bestraft werden, während die Huren ständig darum kämpfen müssen, Festnahmen und Strafen zu vermeiden.

6 Im Sinn der marxistischen Wirtschafts- und Gesellschaftstheorie ist eine erwerbslose Ehefrau in der kapitalistischen Gesellschaft auch ein Zuhälter, da sie von dem Einkommen ihres Mannes aus entfremdeter Arbeit lebt.

7 Der Begriff »verdorbene Person« stammt von Erving Goffman, Stigma: Notes on the Management of Spoiled Identity. New Jersey: Prentice-Hall, Inc., 1963.

8 Jennifer James, »Prostitutes and Prostitution«. In: Edward Sagarin und Fred Montanino (Hrsg.), Deviants: Voluntary Actors in a Hostile Word. New York: General Learning Press, 1977, S. 419.

9 Siehe Gitta Sereny, The Invisible Children, Child Prostitution in America, Germany and Britain. London: Andre Deutsch, 1984; Mimi Silbert und Ayala Pines, Sexual Child Abuse As An Antecedent To Prostitution. In: Child Abuse and Neglect, Band 5, 1981, S. 407-411; Mimi Silbert und Ayala Pines, Victimization of Street Prostitutes. In: Victimology: An International Journal, Band 7, Nr. 1-4, 1982, S. 122-133.

10 Proteste gegen den Mißbrauch von Kindern in der Sexindustrie sind gerechtfertigt. Ohne Zweifel findet ein Großteil dieses Mißbrauchs im Westen auf der Straße und in der Pornographie statt. Es muß aber daran erinnert werden, daß die Straßenprostitution in den Niederlanden weniger als 5 % der Sexindustrie (und in Schweden sogar noch weniger) ausmacht und in den Vereinigten Staaten weniger als 15 %. Dieser Prozentsatz liegt in den Ländern wie Italien und Spanien viel höher, aber das bedeutet nicht, daß dort mehr Kinder Prostituierte sind. Behauptungen, die meisten Prostituierten seien Kinder oder würden zur Prostitution gezwungen, verdrehen die Tatsachen; sie sprechen den Frauen sowohl den Erwachsenenstatus als auch die Selbstbestimmung ab. In gewissen Ländern der Dritten Welt mag ein Großteil der Prostituierten bereits vor der Volljährigkeit für das Anschaffen »ausgesehen« gewesen sein. Es geht hier jedoch darum, daß der Mißbrauch von Kindern und die Ausübung von Zwang verurteilt werden, ohne gleichzeitig die Existenz der erwachsenen, freiwilligen Prostitution zu verurteilen, zu ignorieren oder zu verdrehen.

11 Vergleiche auch Kathleen Barry, Female Sexual Slavery. New York: Prentice Hall, 1979 (wegen der nicht-repräsentativen Statistiken sehr schwach); Kathleen Barry, Charlotte Bunch und Shirley Castley, International Feminism: Networking Against Female Sexual Slavery. New York: International Women's Tribune Centre, 1984 (Bericht über einen Workshop in Rotterdam, Niederlande, 6.-15. April 1983); H. W. J. Buijs und A. M. Verbraken, Vrouwenhandel: Onderzoek naar aard, gobale omvang en de kanalen waarlangs vrouwenhandel naar Nederland plaatsvindt. Den Haag: Ministerie van Sociale Zaken en Werkgelegenheden, April 1985.

12 Zum Beispiel schickten holländische Prostituierten- und Feministinnengruppen als Antwort auf den angeblichen Mord an sechs Frauen im April 1985 ein gemeinsames Telegramm an die holländische Regierung, in dem sie eine Untersuchung forderten. Tatsächliche Mörder konnten durch die Untersuchung nicht festgestellt werden.

13 Siehe: Maryse Choisy, Psychoanalysis of the Prostitute. New York: Philosophical Library, 1961; A. Maerov, Prostitution: A Survey of 290 Cases. In: Psychiatric Quarterly, 39, 1965, S. 675-701.

14 Siehe: Edward Glover, The Psychopathology of Prostitution. In: E. Glover, Roots of Crime. New York: International Universities Press, 1960, S. 244-67.

15 Ebenda.

16 Siehe: Frank Caprio und Donald Brenner, Sexual Behavior: Psycho Legal Aspects. New York: Ditadel Press, 1961, S. 249-52; E. Glover, (wie Anmerkung 14); P. L. Gotoin, The Potential Prostitute. In:

Journal of Criminal Psychopathology 3:359-67, 1943; M. H. Hollander, Prostitution, the Body, and Human Relatedness. In: International Journal of Psychoanalysis 42:404-413 (Juli-September 1961); Harold Greenwald, The Elegant Prostitute. New York: Ballantine, 1970; Jennifer James, Motivation for Entrance into Prostitution. In: L. Crites (Hrsg.), The Female Offender: A Comprehensive Anthology. Alabama: University of Alabama Press, 1975; T. Kemp, Prostitution. Kopenhagen: Levin und Menskgaard, 1936; J. Lampi de Groot, The Evolution of the Oedipus Complex in Women. In: International Journal of Psychoanalysis 9:322, 1928; F. Wengraf, Fragment of an Analysis of a Prostitute. In: Journal of Criminal Psychopathology 5:247-53, 1943.

17 Karl Abraham, Manifestations of the Female Castration Complex. In: Selected Papers. London: Hogarth, 1942, S. 361.

18 Siehe: Harold Greenwald, The Elegant Prostitute. New York: Ballantine, 1970; C. Winick und P. Kinsie, The Lively Commerce. New York: New American Library, 1971.

19 Siehe: Vern Bullough, Prostituiton, Psychiatry and History. In: Bullough (Hrsg.), The Frontiers of Sex Research. New York: Prometheus Books, 1979; Jeffrey Weeks, Sex, Politics, and Society: The Regulation of Sexuality Since 1800. London, Longman, 1981.

20 Siehe: Marij Vulto, Een Kwestie Van Overleven: Over Prostitutie, Sextourisme en Feminisme. Amsterdam: De Graaf Stichting, 1983.

21 Siehe Anmerkung 11.

22 Siehe: M. Choisy, Psychoanalysis of the Prostitute (wie Anmerkung 13), S. 54.

23 Ebenda, S. 60-61. Eine exzellente Analyse über diese weit verbreitete Dynamik unter weißen Jungen aus den Südstaaten der USA findet sich in: Lillian Smith, Killers of the Dream. New York: W. W. Norton, 1949.

24 M. Choisy, Psychoanalysis of the Prostitute, S. 55.

25 Sigmund Freud, Über die allgemeinste Erniedrigung des Liebeslebens. In: Gesammelte Werke, Band IV, 1912, S. 210.

26 M. Choisy, Psychoanalysis of the Prostitute (wie Anmerkung 13), S. 61.

27 Ebenda, S. 30.

28 Ebenda, S. 50.

29 Ebenda, S. 46.

30 Ebenda, S. 63.

31 Siehe auch: K. Barry, Female Sexual Slavery (wie Anmerkung 11); Cicely Hamilton, Marriage As A Trade. London: The Women's Press, 1981 (Erstveröffentlichung 1909); Kate Millet, The Prostitution Papers. New York: Avon Books, 1971.

32 Siehe: N. Davis, The Prostitute: Developing a Deviant Identity. In: J. Henslin (Hrsg.), Studies in the Sociology of Sex. New York: Appleton-Century Crofts, 1971, S. 297-322; D. Gray, Turning-Out: A Study Of Teenage Prostitution. In: Urban Life and Culture. Januar 1973, S. 401-425; N. Jackson, R. O'Toole und G. Geis, The Self-Image of the Prostitute. In: J. Gagnon und W. Simon (Hrsg.), Sexual Deviance. New York: Harper and Row, 1967, S. 133-146.

33 Siehe: Debra Boyer und Jennifer James, Prostitutes As Victims. In: Donald Mac Namara und Andrew Karmen, Deviants: Victims or Victimizers?. London: Sage Publications, 1983, S. 109-146; Jennifer James, Early Sexual Experience and Prostitution. In: American Journal of Psychiatry. Dezember, 134 (12), 1977, S. 1381-1385; Siehe auch Anmerkung 8.

34 Vergleiche auch: Nel Drayer, De Omvang van Seksueel Misbruik van Kinderen in Het Gezin. In: MGV, Juni 1985, S. 587-608. Zwischen 15 und 65 % aller Frauen haben vor ihrem achtzehnten Lebensjahr in irgendeiner Weise Erfahrungen mit sexuellem Mißbrauch gemacht. Die Prozentzahl ist davon abhängig, wie sexueller Mißbrauch definiert wird und ob er innerhalb oder außerhalb der Familie stattfindet.

35 Persönliche Mitteilungen von Dr. Laura Brown (Seattle, USA) und Dr. Lenore Walker (Denver, USA), klinische Psychologinnen, die vor Gerichten überall in den Staaten zugunsten solcher Frauen als Zeuginnen ausgesagt haben. Von ein paar Fällen wurde auch in holländischen Tageszeitungen berichtet.

36 Siehe: W. Pomeroy, Some Aspects of Prostitution. In: Journal of Sex Research, November 1965, S. 177-187.

37 Siehe: Jennifer James, The Prostitute As Victim. In: J. Roberts Chapman und M. Gates (Hrsg.), The Victimization of Women. London: Sage Publications, 1978, S. 175-201.

38 Marjan Sax, Wie Gaat Er Mee Een Nummertje Maken?. In: Diva, Maart, 1985, S. 6-11, 14.

39 Ungefähr 20 % der Männer suchen Prostituierte auf laut A. W. Kinsey, W. Pomeroy, C. Martin und P. Gebhard, Das sexuelle Verhalten der Frau. Philadelphia: Saunders, 1953. Ein weitaus höherer Prozentsatz war zumindest einmal im Leben bei einer Prostituierten. Nach Angaben der De Graaf Stichting, einem Prostitutionsdokumentationszentrum, suchen pro Nacht schätzungsweise 12 000 Männer Prostituierte in Amsterdams Rotlichtbezirk »Wallen« auf.

40 Gosina Mandersloot, The Split Image of Women as a Mirroring of the Conflict between Reproduction and Lust. Amsterdam 1983.

41 Siehe: Diana E. H. Russell, Rape in Marriage. New York: Macmillan, 1982; Renee Romkens, Vrouwenmishandeling: Over Geweld

Tegen Vrouwen in Heterosexuele Partnerrelaties. Amsterdam: Afdeling Vrouwenstudies, August 1984.

42 Siehe: Jennifer James, Prostitutes As Victims (wie Anmerkung 33), S. 188-190.

43 Diese Zitate stammen aus dem Fernsehen, eins von einem richtigen Hurenmörder und eins von einem fiktiven Mörder in einem Film im holländischen Fernsehen.

44 Siehe: Jennifer James, Prostitutes As Victims (wie Anmerkung 33), S. 188-189.

45 Ebenda.

46 Wissenschaftliche Unterstützung kam insbesondere von feministischen Historikerinnen. Siehe: Judith Walkowitz, Prostitution and Victorian Society: Women, Class and the State. Cambridge University Press, 1980; Ruth Rosen und Sue Davidson (Hrsg.), The Maimie Papers. Cambridge, USA: Radcliffe College, 1977; Ruth Rosen, The Lost Sisterhood. Baltimore: John Hopkins University Press, 1982. Besonders erwähnenswert ist die Unterstützung durch Aktivisten wie Priscilla Alexander von der U. S. National Organization of Women, durch No Bad Women/Just Bad Laws in den USA, durch den Rosa Faden in den Niederlanden und die Association Aspasie in der Schweiz. Früher wurde feministische Unterstützung geleistet von Kate Millet, The Prostitution Papers. New York: Avon, 1971. Auch im 19. Jahrhundert und Anfang des 20. Jahrhunderts kam solidarische Hilfe von politisch aktiven Frauen wie Victoria Woodhull, Crystal Eastman und Emma Goldman in den USA. Politisch maßgebend waren in diesem Zeitraum jedoch die Abolitionisten.

47 Vergleiche die Analyse in: J. Walkowitz, Prostitution and Victorian Society, und R. Rosen, The Lost Sisterhood, (wie Anmerkung 46). Außerdem: Jeffrey Weeks, Sex, Politics and Society: The Regulation of Sexuality since 1800. London: Longman, 1981. Beispiele für Abolitionisten findet man in: Aletta Jacobs, Het Prostitutie Vraagstuk. In: Herrineringen. Nijmegen: Socialistische Uitgeberij, 1978 (Erstausgabe 1924).

Teil II

Sind alle Frauen Huren?

Bilder der Unkeuschheit

Die Hure ist der Prototyp der stigmatisierten Frau. Durch das Wort »Hure« wird sie gleichzeitig benannt und entehrt. Der Begriff »Hure« wird jedoch nicht nur auf Prostituierte angewandt; dieses Etikett kann jeder Frau angeheftet werden.

Eine Hure wird auch als »unkeusch« bezeichnet, wobei dem Adjektiv »unkeusch« folgende drei Bedeutungen zugewiesen werden:
— sich ungesetzlichem oder unmoralischem Geschlechtsverkehr hingeben
— unrein, daß heißt verdorben, korrumpiert
— Mangel an Reinheit, Jungfräulichkeit, Anständigkeit (der Sprache), Zurückhaltung und Einfachheit *(Collins Double Book Encyclopedia and Dictionary)*

Eine Analyse dieser Bedeutungszuweisungen führt uns zu den allgemein herrschenden Verhaltensregeln für Prostituierte und Nicht-Prostituierte. Bezeichnenderweise ist ein unkeuscher Mann keine Hure, obwohl sein Status dadurch auf andere Weise beeinflußt werden mag. Der Begriff »Hure« ist als STIGMA dem WEIBLICHEN GESCHLECHT vorbehalten. Stigma wird definiert als: das Brandmal von Sklaven oder Kriminellen; ein charakterlicher Makel; ein Zeichen der Scham oder Schande; ein deutliches Krankheitsmal *(The Concise Oxford Dictionary, The Penguin English Dictionary)*. Aufgrund der Definition von »Hure« und »Stigma« könnte das Huren-Stigma erklärt werden als ein Zeichen der Schande oder Krankheit, das einer unkeuschen Frau anhaftet.

In Teil I ging es um die Gepflogenheiten in der Prostitution und die jeweiligen Einstellungen dazu, wobei das Phänomen der Stigmatisierung erstmal außer acht gelassen wurde. Natürlich könnten die Unehre und die Unwürdigkeit, die jeweils den Huren oder ihren Partnern anhaften, allgemein als Stigma der Prostitution betrachtet werden. Aber Prostituierte werden nicht nur ALS HURE stigmatisiert; Prostituierte SIND HUREN. Prostituierte sind also dem Huren-Stigma nicht nur ausgesetzt, sondern sie verkörpern es. Eine Hure ist definitionsgemäß schuldig, sie ist der Unkeuschheit schuldig. Andere Frauen werden mit Vorwürfen (»Wo warst du?«) der Unkeuschheit (»Du Hure!«)

verdächtigt. Normalerweise wehren sich Nicht-Prostituierte gegen das Huren-Stigma, indem sie sich von Prostituierten abgrenzen: »Ich bin doch KEINE HURE.« Eine amerikanische Frau sagte: »Ich wurde bei einer politischen Demonstration verhaftet und mit HUREN eingesperrt, als wäre ich eine Prostituierte! Wie konnten sie es nur wagen!« Eine andere Frau, die auf derselben Demonstration war und ein kritischeres Bewußtsein besaß, fragte: »Meinst du, diese Behandlung wäre gerechtfertigt gewesen, wenn du eine Prostituierte wärst?!«

In Teil II geht es nicht um DIE HURE oder Prostituierte, sondern um JEDE FRAU, einschließlich der Prostituierten. Die Untersuchung des Begriffs »unkeusch« zeigt den Zusammenhang zwischen der Unehre der Prostituierten und der Stigmatisierung verschiedener Frauen. Wie zuvor stützen sich die Informationen und Analysen auf die Erfahrungen von Frauen in Westeuropa und Nordamerika Anfang der 80er Jahre. Vergleiche mit früheren Zeiten und anderen Ländern sollen eine Tradition und Sozialisation reflektieren, die noch heute im Westen zum Tragen kommen. Die Normen, auf die bei der Definition von Unkeuschheit zurückgegriffen wird, sind traditionelle Normen. Sie werden heute sogar von den progressivsten gesellschaftlichen und politischen Gruppen für bedeutsam gehalten. So bestimmen Phänomene wie beispielsweise die monogame Ehe oder die Rassentrennung sowohl die kollektive Geschichte als auch die Sozialisation jedes einzelnen Menschen, unabhängig von persönlichen oder politischen Werten. Diese Untersuchung erfolgt weiterhin aus einer frauen- und hurenfreundlichen Perspektive, das heißt, die Erfahrungen von Frauen, die vom Huren-Stigma betroffen sind, stehen im Mittelpunkt. Männer werden nur dann berücksichtigt, wenn sie ebenfalls wegen Unkeuschheit stigmatisiert werden. Es wird die Sichtweise der stigmatisierten Personen eingenommen, um den Betroffenen Sichtbarkeit und Würde zu verleihen.

Es geht nicht um die Abwertung sogenannter keuscher Personen (wie zum Beispiel weißer, heterosexueller Männer), sondern darum, daß diese nicht länger für menschlicher oder wertvoller gehalten werden als sogenannte unkeusche Personen (wie zum Beispiel schwarze Frauen). Genausowenig soll die monogame Ehe denunziert werden, sondern sie soll nur, als eine Möglichkeit von vielen gleichwertigen, alternativen Lebensstilen, auf den rechten Platz gerückt werden. Dieser Untersuchung liegt die Annahme zugrunde, daß Menschengruppen nicht aufgrund irgendwelcher Abweichungen stigmatisiert werden dürfen, sondern daß, wie Erving Goffman sagt, »die Dynamik schändlicher Abweichungen ... ein allgemeines Merkmal des gesellschaftlichen Lebens ist«[1]. Wie sich zeigen wird, besteht für Frauen bei »anstößiger Andersartigkeit« die große Gefahr, mit dem Huren-Stigma behaftet zu werden.

Die sexuell autonome Frau

Das Wort »unkeusch« wird vorrangig in bezug auf sexuelle Aktivitäten verwendet. So erscheint eine Frau hauptsächlich aufgrund ihrer sexuellen Freiheit als unehrenhaft (unkeusch) beziehungsweise als Prostituierte, obwohl sie eigentlich erst dann zur Prostituierten wird, wenn sie Sex als Gegenleistung für Geld anbietet. Dementsprechend riskieren alle Frauen, mit dem Huren-Stigma behaftet zu werden, sobald sie sich »unehelichem oder unmoralischem sexuellen Verkehr« hingeben. Die folgenden Handlungen fallen traditionell in den Bereich dieser verbotenen weiblichen Sexualität:
1. Sex vor der Ehe
2. Sex außerhalb der Ehe
3. Sex mit mehr als einem Partner
4. anderer Sex als heterosexueller Geschlechtsverkehr wie zum Beispiel oraler, analer oder sado-masochistischer Sex
5. Sex mit anderen Frauen
6. Sex von geschiedenen oder verwitweten Frauen

Des weiteren sind sexuelle Initiative, sexuelles Wissen und sexuelle Fähigkeiten Zeichen unkeuschen sexuellen Verhaltens oder sexueller »Erfahrung«. Gewöhnlich glaubt man, daß Erfahrung gut für den Mann sei, die Frau jedoch verderbe. In manchen Kreisen sind gewisse sexuelle Verhaltensweisen, die für Frauen traditionell ungesetzlich und unmoralisch waren, akzeptabel geworden. Dann gelten vorehelicher Sex oder sexuelles Wissen auch bei Frauen als empfehlenswert. Trotzdem werden Frauen wegen traditionell verbotener sexueller Verhaltensweisen oder Erfahrungen immer noch als Huren stigmatisiert, wenn progressive Normen durch tief verwurzelte, gesellschaftliche Werte außer Kraft gesetzt oder wenn die neuen Normen in Frage gestellt werden. Und auch bei den neuen Normen hört die Keuschheitsgrenze weiterhin dort auf, wo es um ZU VIELE Partner geht oder wenn GELD als Gegenleistung für Sex verlangt wird.

Es gibt zahlreiche Berichte von Frauen, die gesellschaftlich oder gesetzlich für unerlaubten Sex bestraft wurden. Die Bestrafung kann in Form von gesellschaftlicher Ächtung, Verweigerung von Rechten oder körperlicher Mißhandlung erfolgen. Insbesondere wenn Frauen das Sorgerecht für ihre Kinder, die Wohnung oder die Arbeit verlieren oder von der Gesellschaft ausgeschlossen werden, kann das öffentlich damit gerechtfertigt werden, indem die Frau sexueller Unkeuschheit beschuldigt wird. Niemand wird wahrscheinlich diese noch bestehenden, traditionellen Diskriminierungen leugnen, obwohl viele Progressive behaupten, daß es Fortschritte gegeben habe. Doch die Bestrafung der weiblichen Unkeuschheit bleibt eine gesellschaftliche Tatsache, ungeachtet subkultureller Akzeptanz. In Gerichtsverfahren werden immer noch sexuelle Vergangenheit, Ehebruch und Lesbentum eingebracht, um Frauen zu diskreditieren. Und obwohl die Progressiven hinsichtlich sexueller Normen vielleicht kritischer sind als die Traditionalisten, sind auch sie vermutlich nicht dem Einfluß der geschlechtsspezifischen Sozialisation entkommen. Da sie sich der Internalisierung sexueller Normen bewußt sind, haben Feministinnen ihre eigenen Gefühle und die Unterdrückung ihres Begehrens erneut untersucht. Carole Vance, eine amerikanische Feministin, leitet ihre Anthologie über sexuelles Vergnügen und sexuelle Gefahren wie folgt ein: »Der Feminismus«, schreibt sie, »muß sich mit der Sexualität als Schauplatz der Unterdrückung befassen, und zwar nicht nur mit der Unterdrückung durch männliche Gewalt, Brutalität und Zwang, worüber er sich schon deutlich und eindrucksvoll geäußert hat, sondern auch mit der Unterdrückung des weiblichen Verlangens, die aus Unwissenheit, Unsichtbarkeit und Angst entsteht«[2].

Andererseits gibt es eine kleinere Bewegung unter Männern, die die männlichen sexuellen Einstellungen und Verhaltensweisen gegenüber Frauen untersucht. Bei einer holländischen Konferenz über »Männer, Gewalt und Sexualität« überprüften sie ihr geheimes Einverständnis mit traditionellen Normen, die das Brandmarken und Schlagen insbesondere von unkeuschen Frauen aufrechterhalten.[3] In einer wertfreien Atmosphäre konzentrierten sich die Workshops und Vorlesungen auf die männliche sexuelle Sozialisation, die männliche sexuelle Aggression und die männliche Sexualisierung der Gefühle. Die Männer erforschten ihre Internalisierung der sexuellen Dominanz und die Energie, die es sie kostet, Frauen sexuell nicht zu bedrängen. Zum jetzigen Zeitpunkt befinden wir uns bestenfalls in einem Stadium der männlichen sexuellen Selbstkontrolle und des weiblichen sexuellen Mutes. Erst wenn weibliche Unkeuschheit weder Scham oder Angst bei Frauen noch anmaßendes Verhalten bei Männern auslöst, werden die Frauen frei von sexueller Unterdrückung sein.

Lesbische Frauen haben in den Annalen weiblicher Unkeuschheit einen zweideutigen Platz. Einerseits werden sie gänzlich ignoriert, andererseits gelten sie als Prototyp weiblicher Perversität. Ihr Verbrechen ist die Trennung der Sexualität von der Reproduktion, vom männlichen Verlangen und von der Ehe. Lesben widersprechen im wesentlichen den Vorstellungen über weibliche Abhängigkeit von Männern in bezug auf Geld, Sex und gesellschaftliches Leben. Während weibliche Prostituierte – und männliche Homosexuelle – als Schandfleck der Gesellschaft betrachtet werden, sind Lesben ein gesellschaftliches Geheimnis. Lesben werden eher als krank denn als schlecht stigmatisiert. Trotzdem ist die Bestrafung und Mißhandlung von Lesben verbreitet: Anders als Prostituierte werden sie gewöhnlich nicht wegen ihres sexuellen Verhaltens verhaftet oder mit Bußgeld bestraft. Sie werden vielmehr »ins Geheimzimmer gestoßen« und gezwungen, ihre Liebe für Frauen und ihre Unabhängigkeit von Männern zu verstecken. Mißhandlungen riskieren sie meist dann, wenn sie es nicht schaffen oder sich weigern, sich zu verstecken. Die Angreifbarkeit von Prostituierten wächst zwar ebenfalls mit ihrer Sichtbarkeit, im Vergleich zu den Lesben werden sie jedoch von der Gesellschaft in zweierlei Hinsicht gebraucht: Zum einen dienen sie anderen Frauen als Warnung (»sei keusch, oder du wirst wie eine Hure behandelt«), zum anderen fungieren sie als unbedrohliches Ventil für männliche Sexualität. Lesben hingegen besitzen keine gesellschaftliche Funktion und keinen gesellschaftlichen Platz.

Schon in der Vergangenheit sind Prostituierte gebrandmarkt und Lesben ignoriert worden. In Kulturen mit aktiven Frauenbewegungen wie in Holland und den Vereinigten Staaten ist die

Sichtbarkeit von Lesben in den letzten zwanzig Jahren enorm gewachsen. Vermutlich würde in anderen Ländern derselbe Prozentsatz an Lesben zu Tage treten, wenn die Türen der Geheimzimmer geöffnet und die gesellschaftlichen Tabus aufgehoben würden. Tatsächlich trägt aber gerade die Angst vor dieser Lesbianisierung zu der Rigidität heterosexueller Kontrollmaßnahmen bei; denn das Lesbentum bedroht die Traditionen, die auf männlichem Eigentum und Macht über Frauen beruhen. Die geltenden Keuschheitsregeln setzen Heterosexualität voraus. Heterosexuell unkeuschen Frauen wird vorgeworfen, Sex zu früh und zu oft oder mit dem falschen Mann gehabt zu haben, lesbische Frauen werden bestraft, weil sie grundsätzlich Sex mit Männern ablehnen. Lesben befriedigen weder das männliche Verlangen, noch können sie für sexuelle Übergriffe von Männern verantwortlich gemacht werden. Nur in einigen feministischen Gruppen sind Lesben als Vorbilder für weibliche Autonomie an die Öffentlichkeit getreten. Ihr Kampf gegen weibliche Keuschheitsnormen in diesen Gruppen ist ein Kampf um gesellschaftliche Existenzberechtigung sowie gesellschaftliche Rechte.

In Zeiten der Unruhe oder Panik ist mit einer verstärkten Kontrolle der weiblichen Sexualität zu rechnen.[4] Bei der gegenwärtigen Panik über die Aids-Epidemie richtet sich die Aufmerksamkeit nicht nur auf das sexuelle Verhalten von Betroffenengruppen wie homosexuelle Männer und intravenös (IV-) Drogenabhängige, sondern auch auf vermeintlich unkeusche Frauen. Obwohl die Rate der aidskranken Frauen im Westen gering ist (7 % der Fälle in den USA im September 1985) und obwohl es bis heute keine an Aids erkrankte Prostituierte gibt, die nicht drogenabhängig oder private Sexualpartnerin von Drogenabhängigen oder bisexuellen Männern ist, behaupten Journalisten und Gesundheitsbehörden, daß Frauen durch Sex und Prostitution Aids verbreiten. »Prostituierte, IV-Drogenabhängige und promiske Frauen« wurden bei der Internationalen Konferenz über Aids (Atlanta, Georgia, April 1986) als »weibliche Virusträger« benannt. Außerdem ging man davon aus, daß es sich dabei um arme und farbige Frauen handele.

In vielen Städten der USA begann man, an Frauen unfreiwillige Antikörpertests durchzuführen. Allen Frauen, deren Testergebnis positiv war, wurde von den amerikanischen Zentren für die Seuchenkontrolle nicht nur geraten, eine Schwangerschaft zu vermeiden, sondern auch den Geschlechtsverkehr zu unterlassen. (Dies, obwohl nach dem damaligen Kenntnisstand nur 10 % der HIV-Infizierten aidskrank wurden, die andern 90 % Immunität entwickelten und die Weiterverbreitung der Krankheit durch Safer-Sex-Regeln verhindern konnten.)[5] Offensichtlich sorgte man sich nicht um das Wohlergehen der Frauen, sondern um die mögliche Infizierung heterosexueller Männer – durch Sexualkontakt – und die Infizierung von Babies – durch die Gebärmutter. Im Widerspruch zu der staatlichen Gesundheitsaufklärung und den Menschenrechten von Frauen wird damit weibliche Unkeuschheit für die Verbreitung von HIV in unserer Gesellschaft verantwortlich gemacht.

In verschiedenen europäischen Ländern wie Frankreich, Schweden und den USA werden Prostituierte als Virusträgerinnen öffentlich zum Sündenbock gemacht. Bezeichnenderweise handelt es sich dabei um Länder, die die Angst vor der Weiterverbreitung von HIV in der Allgemeinbevölkerung schüren. Die Beschuldigung der Huren könnte als eine Projektion der Schuldgefühle und der Angst vor der Epidemie verstanden werden. Andere Länder wie Holland verfolgen gegenwärtig eine Politik, die nicht auf Angst setzt und bei der Aids ausdrücklich als eine Krankheit von angeblich isolierten Gruppen, nämlich homosexuellen Männern und IV-Drogenabhängigen, dargestellt wird. In diesen Ländern wird es vermieden, auf mögliche Ansteckungsquellen, wie zum Beispiel die Prostitution, über die sich die Allgemeinbevölkerung infizieren könnte, hinzuweisen. In Wirklichkeit laufen jedoch alle sexuell aktiven Menschen oder Personen, die sich Fremdstoffe ins Blut injizieren, Gefahr, sich mit dem HIV-Virus anzustecken oder ihn weiterzuverbreiten. Sie sollten darüber aufgeklärt werden, was Safer-Sex bedeutet. Es ist nicht die Aufgabe des öffentlichen Gesundheitswesens, bestimmte Gruppen oder Menschen zu stigmatisieren. Ebensowenig sollte es die Ernsthaftigkeit und Bedeutung von Aids herunterspielen, sondern öffentlich darüber aufklären, welche Präventionsmaßnahmen sinnvoll sind, solange die Suche nach einem Impfstoff und einer Behandlungsmethode nicht abgeschlossen ist.

Das Wissen von der Verbindung von Sexualität und Krankheit stammt aus der Zeit der Verbreitung der Syphilis vor hundert Jahren.[6] Die Erkenntnis, daß Krankheiten sexuell übertragen werden können, diente als Rechtfertigung für die Stigmati-

sierung sexuell aktiver Menschen als körperlich krank oder schmutzig. Dies führte dazu, daß sexuell übertragene Krankheiten sowie uneheliche Schwangerschaften als Zeichen und als Bestrafung der Unkeuschheit interpretiert wurden. Dementsprechend wird Aids von den rigidesten Moralisten als göttliches Todesurteil für die Unkeuschen betrachtet. Auch Ärzte und andere Gesundheitserzieher handeln im heimlichen Einverständnis mit solchen Deutungen, wenn sie statt SAFER-SEX oder GESCHÜTZTEM SEX nun KEINEN SEX empfehlen (außer mit einem lebenslangen Partner).
Der Verzicht auf Sex ist in der Tat eine wirkungsvolle Maßnahme gegen Krankheit und unerwünschte Schwangerschaft, genauso wie ausschließlicher Sex zwischen Frauen. Obwohl das Zölibat und auch das Lesbentum von vielen Menschen als alternative Lebensformen vorgezogen werden, können beide demokratisch nicht für alle Menschen durchgesetzt oder gar empfohlen werden, ohne das Recht auf sexuelle Selbstbestimmung in Abrede zu stellen. Manche Länder wie Holland fördern in gewissem Rahmen die sexuelle Aufklärung und unterstützen die Rechte homosexueller Männer, lesbischer Frauen und unverheirateter Paare. Trotzdem sind sexuell übertragene Krankheiten oder uneheliche Schwangerschaften weiterhin mit einem Makel behaftet.

Gerade in diesem Zusammenhang muß die Position homosexueller Männer untersucht werden. Homosexuelle erfreuen sich nicht der sexuellen Vorrechte heterosexueller Männer. Das soll nicht heißen, daß männliche Promiskuität in der Schwulenkultur keine Rolle spielt, sondern daß die schwule Promiskuität von der Gesellschaft verurteilt und nicht geduldet wird. Die beiden Gruppen, die historisch am häufigsten der Unkeuschheit bezichtigt wurden, sind weibliche Prostituierte und homosexuelle Männer.[7] Beide Gruppen werden aufgrund ihrer Sexualität stigmatisiert. Und durch ihre Rollenabweichung geben sie jeweils ihre geschlechtsspezifisch legitimen Ansprüche auf: Huren wird die männliche »Protektion« geraubt und Schwulen das männliche Privileg des Promiskuität. Es ist daher nicht erstaunlich, daß die Angst vor Aids genauso wie die vor Geschlechtskrankheiten in manchen Ländern an der Unkeuschheit dieser Gruppen festgemacht wird. Doch während Huren schon immer für allgemeine gesellschaftliche Probleme verantwortlich gemacht wurden (wie jetzt für die Bedrohung der Allgemeinbevölkerung durch Aids), schienen Schwule schon immer an ihrem eigenen Mißgeschick selbst schuld zu sein (wie jetzt am Tod Tausender homosexueller Männer). Man könnte sagen, daß Huren als ein »böses Element innerhalb der Gesellschaft« und schwule Männer als ein »böses Element außerhalb der Gesellschaft« betrachtet werden. Dementsprechend führt das Huren-Stigma dazu, daß Politiker den Prostitutionsbereich SÄUBERN oder KONTROLLIEREN, während das Schwulen-Stigma Politiker veranlaßt, Homosexuelle zu VERSTECKEN oder zu BESEITIGEN.

In Ländern wie den USA und Italien, wo Frauen als Arbeitskräfte gebraucht werden, sind die Gesetze, die die Prostitution verbieten, besonders streng, und Prostituierte leiden unter gewalttätigen Übergriffen. In Ländern wie Holland und der Schweiz, wo Frauen weitgehend vom Arbeitsmarkt ausgeschlossen sind, zielen die Gesetze eher dahin, die Prostitution zu kontrollieren als sie zu verbieten, und die Prostituierten leiden eher unter restriktiven als gewalttätigen Übergriffen. Könnte es sein, daß Länder, die weniger von der weiblichen Arbeitskraft abhängig sind, Prostitution eher akzeptieren? Könnte es sein, daß Prostitution eher in Ländern akzeptiert wird, wo die »guten« Frauen zu Hause gehalten werden? Solche Wechselbeziehungen sind nicht so einfach. Der schweizer Traditionalismus führte einerseits zu relativer Akzeptanz der heterosexuellen Prostitution und andererseits zur Kriminalisierung der Homosexualität. Der holländische Traditionalismus führte zur Toleranz sowohl der Prostitution als auch der Homosexualität. Weitere Untersuchungen über Einstellungen zu Huren und Schwulen in verschiedenen Ländern würden wahrscheinlich tief verwurzelte kulturelle Verhaltensmuster enthüllen.

Keuschheitsregeln entwerten nicht nur sexuell autonome Frauen und schwule Männer. Es gibt viele Frauen, die aufgrund ihrer Gruppenzugehörigkeit, ihrer persönlichen Erscheinung oder Mißhandlungsgeschichte als unkeusch gelten. Farbige Frauen, Jüdinnen, Arbeiterinnen, geschiedene, dicke oder geschlagene Frauen riskieren das Huren-Stigma leichter als weiße, mittelständische, verheiratete, schlanke und andere angeblich unverdorbene Frauen. Und unabhängig von ihrer tatsächlichen sexuellen Aktivität und Geschichte wird bei solchen stigmatisierten Frauen viel eher sexuelle Erfahrung und Verfügbarkeit vermutet als bei nicht-stigmatisierten Frauen. Eine geschiedene Frau sagte: »Kaum war mein Mann ausgezogen, da bekam ich Anrufe und Besuche von Nachbarn und Kollegen aus dem Büro. Und sie fanden nicht nur meine Verärgerung unverständlich, sondern glaubten sogar, daß ich dankbar sein müßte!«

Das Huren-Stigma ist daher also nicht nur eine Strafe für sexuell unangepaßtes Verhalten, sondern außerdem eine Aufforderung zu sexuell anmaßendem Verhalten von seiten der Männer. Ob diese Anmaßungen nun höflich oder brutal sind, das hängt davon ab, ob man bestimmte Frauen entweder als hurenhaft oder als professionelle Huren einschätzt. Wenn stigmatisierte Frauen sexuelle Anträge von Männern ablehnen, werden sie als prüde betrachtet. Eine sexuell belästigte Frau beschrieb diese Double-bind-Situation wie folgt: »Das eigentliche Problem ist einfach, daß sie herumerzählen, du seist eine blöde Zicke, wenn du nicht mit einem deiner ›männlichen Mitarbeiter‹ schläfst, und wenn du es tust, dann nennen sie dich eine Hure. So oder so, du kannst nie gewinnen«[8].

Halten wir fest, daß eine Frau, nicht weil sie keusch ist, als prüde (oder blöde Zicke) beschimpft wird, sondern weil sie »nein« sagt, obwohl ihr Unkeuschheit unterstellt wird. Kinder, verheiratete monogame Frauen oder Nonnen werden nicht als prüde diffamiert, wenn sie »nein« sagen; geschiedene, farbige, geschlagene oder dicke Frauen werden so beleidigt, weil Männer ihre Verfügbarkeit voraussetzen. Die unterstellte Unkeuschheit bringt somit sowohl sexuelle Anmaßungen als auch sexuelle Erwartungen mit sich, zu denen eine Frau jedoch aufgrund ihres früheren oder jetzigen Verhaltens keineswegs Anlaß gegeben haben muß.

Keuschheitsregeln und Reinheitsgebot

Ein Synonym von unkeusch ist das Adjektiv »unrein«. Und unrein wird definiert als schmutzig, mit Fremdstoff vermischt, verdorben, von gemischter Farbe *(The Concise Oxford Dictionary)*. Diese Definition erweckt zweifellos Assoziationen von einer rassischen und ethnischen Andersartigkeit, in der nur die weißen, nicht fremdartigen Menschen rein sind. Farbige Menschen, Ausländer – Menschen mit einer anderen Abstammung als die ethnische Norm – und Juden werden zu den Unkeuschen, den Schmutzigen. Reinheit wird im Westen mit sauber, weiß und unverdorben gleichgesetzt. Sauber wird häufig im Zusammenhang mit Händen benutzt: Saubere Hände gehören nicht nur weißen Menschen, sondern speziell weißen Menschen der Mittel- und Oberschicht. Hauspersonal, Arbeiter und Frauen mit Kindern »machen sich die Hände schmutzig«. Die Analyse der Unreinheit im Zusammenhang mit der Unkeuschheit liefert eine direkte Verbindung des Huren-Stigmas mit Rassismus, Antisemitismus und Klassendenken.

Man geht davon aus, daß das Huren-Stigma ein Mechanismus der geschlechtsspezifischen Unterdrückung ist, mit dem jede Frau gekennzeichnet werden kann. Doch dieses Brandmarken von Frauen wird nicht mit der Weiblichkeit an sich gerechtfertigt, sondern mit unrechtmäßigen Eigenschaften oder Verhaltensweisen, die mit der Weiblichkeit zusammenhängen. So werden zum Beispiel Prostituierte und sexuell selbstbewußt auftretende Frauen wohl deshalb Huren genannt, weil sie *Sex verkaufen und/oder Spaß daran haben*. Das weibliche Geschlecht ist eine Voraussetzung für das Huren-Stigma, aber es ist niemals die einzige Begründung. Desgleichen wird Farbigen, Jüdinnen und Arbeiterinnen als Frauen *mit einem zweifelhaften Status* gern das Huren-Stigma aufgedrückt.

Männer, die von den heterosexuellen männlichen Normen der Weißen abweichen, werden ebenfalls stigmatisiert. Es muß aber noch einmal wiederholt werden, daß diejenigen, die der Norm entsprechen, hier nicht ignoriert oder verurteilt werden sollen. Es hat jedoch den Anschein, daß niemand allen Normen entsprechen kann und daß die Stigmatisierung von Abweichungen ein Grundbestandteil der geschlechtsspezifischen Sozialisation ist. Bei allen Menschen steht darüber hinaus das Geschlecht in Wechselwirkung mit anderen identitätsbildenden, sozialen Faktoren. Diese Untersuchung konzentriert sich auf diese Wechselbeziehung bei Farbigen, Juden und Menschen aus der Arbeiterklasse.

Rassismus

Huren und Schwarze werden traditionell als Kriminelle und Sklaven betrachtet. Man hält sie für unsauber und für geil. Schwarzen Frauen wird oft unterstellt, sie seien Huren. Eine schwarze Frau, die keine Prostituierte ist, sagte: »Wenn ich auf den Bus warte, vor allem in einer weißen Wohngegend, glauben die vorbeifahrenden Männer, daß ich anschaffen gehe. Meine Hautfarbe bedeutet für sie ›Hure‹.« Schwarze Männer werden oft als Zuhälter eingeschätzt. Eine weiße Frau erzählte: »Seit ich einen schwarzen Freund habe, gucken mich die Leute mißtrauisch an, so als wäre ich eine Hure und er mein Zuhälter. Ein Weißer fragte mich sogar, ob mein Freund mein Boß sei, obwohl es meiner Meinung nach offensichtlich war, daß wir ein Paar sind. Er besaß sogar die Dreistigkeit, mich zu fragen, ob ich Hilfe bräuchte, um von ihm wegzukommen!«

Schwarze Frauen hält man für sexuell verfügbar. Sie müssen ihre Ehre beweisen. Schwarze Männer gelten als sexuell unersättlich. Sie müssen ihre ehrbaren Absichten glaubhaft machen. Weiße Männer haben schwarze Männer beständig beschuldigt, weiße Frauen zu vergewaltigen – ein Vorwurf, der in der Geschichte zu Morden an schwarzen Männern führte.[9] Weiße Männer haben oftmals schwarze Frauen vergewaltigt, wobei diese Übergriffe der sexuellen Veranlagung schwarzer Frauen angelastet wurden. Sowohl der Sex als auch die Rasse werden als dunkel, mysteriös und schmutzig empfunden. Beides gilt als unrein und störend im öffentlichen Leben. Das Huren-Stigma verwehrt somit denen, die »sexy« und »dunkel« sind, die Sichtbarkeit, das Wort und die Macht. Die Verbindung von sexy und dunkel hat einen verbotenen, verführerischen Symbolgehalt. Unabhängig von ihrem sexuellen Verhalten hält man farbige Frauen für käuflich und farbige Männer für Ungeheuer. Das Huren-Stigma spricht Farbigen im Grunde die Menschlichkeit ab und macht ihre Sexualität zu einer tierischen Kraft.

Unabhängig von ihrer Hautfarbe hält man Prostituierte für dunkle Gestalten. Als eine schwarze Straßenprostituierte nach den Unterschieden zwischen schwarzen und weißen Huren befragt wurde, antwortete sie: »Wir stehen alle an derselben Ecke. Wir blasen alle denselben Schwanz. Klar, manche weiße Männer würden mich, eine schwarze Lady, nicht ins Hotel mitnehmen, da sie Angst haben, schief angesehen zu werden, aber ob privat oder auf der Straße, eine Hure ist eine Hure.« Es stimmt, daß in manchen Ländern wie den Vereinigten Staaten ein größerer Prozentsatz von schwarzen als von weißen Frauen wegen Prostitution verhaftet wird. Und in anderen Ländern wie den Niederlanden, Frankreich und Deutschland werden eher Frauen aus der Dritten Welt als einheimische weiße Frauen in der Prostitution ausgebeutet. Solche rassistischen Mechanismen verstärken die Stigmatisierung von Huren mit farbiger Haut, aber sie schwächen keineswegs den »finsteren Makel« ab, der allen Prostituierten anhaftet.

Rassische Unreinheit wird als Rechtfertigung für ein VERBOT und RASSENTRENNUNG vorgeschoben: Das Verbot bezieht sich insbesondere auf Beschränkungen, was in den Körper dringen darf. Die Rassentrennung ist der Versuch, die Keuschen von körperlicher Versuchung und Beschmutzung fernzuhalten. Die Unreinheit, die einer Rasse zugeschrieben wird, ist untrennbar verbunden mit der Schande, die dem Sex zugeschrieben wird. Spaltungen in Reine und Unreine, die Heilige und die Hure, die Ehefrau und die Prostituierte oder die Weiße und die Schwarze spiegeln die Trennung wider zwischen Vernunft und Vergnügen, Glauben und Handeln oder Rassentrennung und Schwesterlichkeit. Entsprechend werden Gesetze gemacht, Städte geplant und Kinder erzogen, um diese Spaltungen entweder offiziell oder inoffiziell sicherzustellen.[10]

Während das Stigma der Unkeuschheit Frauen als Huren abstempelt, brandmarken andere Formen dieses Stigmas auch bestimmte Gruppen von Männern. Homosexuelle und farbige Männer gelten ebenso als minderwertig wie Männer, die mit Prostituierten verkehren. Homosexuelle Männer sind Opfer des Schwulen- und Tunten-Stigmas, weil sie nach der gesellschaftlich vorherrschenden Meinung weibliche Männer sind. Farbige Männer sind Opfer des Zuhälter-Stigmas, weil ihnen allgemein Gewalttätigkeit und Verantwortungslosigkeit unterstellt werden. Durch diese Stigmatisierung wird schwulen und farbigen Männern das Privileg heterosexueller weißer Männer wirkungsvoll vorenthalten. Gleichzeitig werden heterosexuelle weiße Männer von der Identifizierung mit sexuellen Abweichungen oder von der Verantwortung für sexuelle Gewalt freigesprochen. Eine Prostituierte in Italien drückte es so aus: »Viele verheiratete Männer bevorzugen nicht-operierte transsexuelle Prostituierte (also Männer, die sich in der körperlichen Umwandlung zur Frau befinden und sowohl Brüste als auch einen Penis haben). Sie suchen Schwulensex, ohne ihre heterosexuelle Identität preiszugeben.« Eine Prostituierte in den Vereinigten Staaten sagte: »Die sexuelle Gewalt geht meist von weißen Bullen aus, aber schwarze Zuhälter erhalten die meisten Strafanzeigen. Natürlich sind auch schwarze Männer gewalttätig, aber es scheint so, daß auf jeden verurteilten schwarzen Mann einhundert weiße Männer freigesprochen werden.«

Antisemitismus

Auch die Juden werden als unrein eingestuft. Doch während das Huren-Stigma der Schwarzen vor allem durch den Mythos von der geheimnisvollen Sexualität schwarzer Frauen und der körperlichen Gewalttätigkeit schwarzer Männer entstand, beruht das Huren-Stigma der Jüdinnen vorrangig auf Legenden über die sexuelle Ausbeutung jüdischer Frauen und die finanziellen Machenschaften jüdischer Männer. Demnach ist »die ›schöne Jüdin‹ die, die Kosaken zur Zarenzeit am Haar durch die Straße ihres brennenden Dorfes schleiften«[11]. Oder, mehr in Anlehnung an heutige Zeiten, die, mit der in den Konzentrationslagern der Nazis sexuelle Experimente durchgeführt wurden. Eine Holländerin, deren Eltern beide die Konzentrationslager überlebt hatten, beschrieb die männliche Reaktion auf ihre rassische Andersartigkeit und Mißhandlungsgeschichte so: »Ich weiß nicht, ob es an meinem dichten schwarzen Haar liegt, das in Holland auffällt, oder an den Erfahrungen meiner Eltern im Konzentrationslager, jedenfalls reden meine nicht-jüdischen Freunde immer darüber, wie aufregend es sei, eine jüdische Geliebte zu haben, und wie sehr sie sich als meine Beschützer fühlen und wie anders ich sei als andere Holländerinnen. Dabei komme ich mir irgendwie vor wie eine verwaiste Hure.«

Der männliche Jude gilt als der, der nach Geld strebt und Intelligenz besitzt; diese beiden Eigenschaften veranlassen ihn dazu, »Böses und nichts Gutes zu tun«[12]. Ein jüdischer Mann sagte: »Sie wollten meine Ideen, aber sobald *ich* davon profitierte, warfen sie mir vor, die Sache an mich zu reißen.«

Heute sind die Klischees über Juden häufig nicht mehr geschlechtsspezifisch, so daß sowohl jüdische Frauen als auch jüdische Männer für Opfer und Mittäter gehalten werden. Die Opfer tragen das Stigma der Unkeuschheit wegen ihrer angeblichen rassischen Unreinheit – die als Rechtfertigung für die Verfolgung diente – und das der Befleckung – denn durch ihren Mißbrauch sind sie verdorben worden. Die Mittäter, die jüdische Intelligenz, tragen das Stigma der Unkeuschheit, weil sie angeblich abartig, manipulativ und finanziell eigennützig sind. Das daraus abgeleitete Bild der Jüdin als Hure und des Juden als Zuhälter hat nur wenig Bezug zur Sexualität. Dieses Bild ist zweideutig. Opfertum und Intelligenz sind Klischees, die widersprüchliche Gefühle des Mitleids, des Vorwurfs, der Ablehnung, der Schuld, des Respekts und des Neids wecken. Unkeuschheit im Fall von Juden ist daher sowohl Anlaß zu Neid als auch zu Mißtrauen: Zumindest finden Juden *Anerkennung* als Leidende und *Bestätigung* als Überlebende. Andererseits sind sie sowohl wegen ihrer Geschichte der Verfolgung als auch wegen ihrer Geschichte des Überlebens *verdächtig*. »Warum wurden sie verfolgt?« »Wie konnten sie überleben?« Mit solchen Fragen werden Juden mißtrauisch beäugt. Die historische Verbindung zwischen jüdischem Überleben und jüdischer Machtausübung, sei es die Steuereintreibung in der Vergangenheit oder der Imperialismus in der Gegenwart, wird benutzt, um die Glaubwürdigkeit der Juden zu erschüttern. Antisemitismus bedeutet im wesentlichen, die Juden für die Mißstände und Ungerechtigkeiten einer Gesellschaft verantwortlich zu machen. Den Juden wird damit nicht nur von der herrschenden Klasse Unreinheit vorgeworfen, sondern auch, und das ist besonders schmerzhaft, von anderen unterdrückten Menschen.

Die Unterdrückung der Juden und die der Prostituierten haben viele Parallelen. Wie die Juden sind Prostituierte gemäß konservativen als auch gemäß linksradikalen Ideologien unrein. Juden und Prostituierte werden verunglimpft und idealisiert sowie für grundsätzliche gesellschaftliche Probleme verantwortlich gemacht. Darüber hinaus wird die Realität ihrer Verfolgung und täglichen Mißhandlung häufig bezweifelt oder geleugnet. Sowohl die Juden als auch die Huren werden wegen ihrer früheren Erfahrungen, ihrer unangepaßten Intelligenz, ihrer angeblichen Geldgier und der ihnen unterstellten Sexualität stigmatisiert. In der Geschichte waren beide Gruppen gesetzlich gezwungen, sich öffentlich kenntlich zu machen – und zu isolieren –, indem sie zum Beispiel einen bestimmten Hut oder eine gewisse Farbe tragen mußten.[13] Beide mußten sich verstecken, sich anpassen oder auswandern, um zu überleben. Und beide werden gleichzeitig als passive Opfer und schuldige Mittäter empfunden; die Juden wegen der Alternative: Kommunismus oder Kapitalismus, die Huren wegen der Alternative: Krankheit oder Verfall der Ordnung.

Ob Juden nun als Huren oder Zuhälter stigmatisiert werden oder nicht, als Juden sind sie auf jeden Fall der Paradoxie des Huren-Stigmas unterworfen. Eine jüdische Prostituierte sagte: »Sex- und Geldstigmata sind nichts Neues für mich. Als Jüdin in einer nicht-jüdischen Umgebung lernt man, ein Doppelleben zu führen. Als Jüdin habe ich auch gelernt, daß es gut und notwendig ist, dein eigenes Leben aufzubauen, ohne Rücksicht darauf, was andere Menschen von dir denken. Davon abgesehen weiß ich, daß die Leute mich genau wegen der Dinge respektieren, auf die sie neidisch sind oder die sie ablehnen, und darum ist es unmöglich, es ihnen recht zu machen. Ich habe keine andere Wahl, als mein eigenes Leben zu leben.«

Klassenunterdrückung

Die letzte Kategorie der Unreinheit, die wir hier diskutieren wollen, ist die Unreinheit, die der Arbeiterklasse zugeschrieben wird. Während Farbige als minderwertig und Juden als andersartig diffamiert werden, gilt der Arbeiter als ein Niemand. Als Folge davon betreibt die herrschende Gesellschaft eine Politik, die die Farbigen zähmt, die Juden vertreibt oder ausrottet und die Arbeiter ignoriert. Für Arbeiter bedeutet Keuschheit unsichtbare Unterwerfung. Zur Arbeiterklasse gehören natürlich auch Farbige und Juden, doch von ihnen wird im Verhältnis zu weißen nicht-jüdischen Kollegen und auf jeden Fall im Verhältnis zu weißen nicht-jüdischen Vorgesetzten verlangt, daß sie »ihren Platz kennen« und sich wie ein »Niemand« oder »Jederman« benehmen. Ihre Position mag sich von der ihrer weißen nicht-jüdischen Arbeitskollegen unterscheiden, aber im Prinzip besitzt die Klassenunterdrückung eine Dynamik, die alle Arbeiter zu Konformität und Gehorsam zwingt. Frauen sind im öffentlichen Erwerbsleben denselben Anforderungen wie die Männer unterworfen, doch zusätzlich sind alle Frauen, die kein Hausmädchen oder Kindermädchen haben (die große Mehrheit also), auch im Privatleben Arbeiterinnen. Auch dort wird ihre Keuschheit an der Unsichtbarkeit ihrer Arbeit gemessen.

Der Arbeitsprozeß wird mit Schmutz, Geld, Unrat, Lärm, Muskelkraft, Schweiß, Tränen, Schmerz und Eintönigkeit assoziiert. Von den Arbeitern wird erwartet, daß sie sich im Interesse der gesellschaftlichen Reproduktion und Produktion schmutzig machen. Sie werden als Arbeitspferde der Gesellschaft betrachtet, und als solche wird ihnen Menschlichkeit abgesprochen. Sie werden in Hinterzimmer oder Keller oder in die »häßlichen Stadtteile« abgeschoben. Sie werden von der Chancengleichheit, von der Kultur, von öffentlichen Diskussionen und von der Macht ausgeschlossen. Männliche Arbeiter stellt man üblicherweise wegen ihrer Muskelkraft und nicht wegen ihrer Intelligenz ein und Arbeiterinnen wegen ihres Äußeren und nicht wegen ihrer Leistung. Im Prinzip werden die Muskeln des Arbeiters und das Lächeln der Arbeiterin gemäß den Bedürfnissen der Mittel- und Oberschicht, ähnlich wie in der Prostitution, vermarktet.

Die Unreinheit, die den Arbeiterinnen zugeschrieben wird, führt zu sexuellen Anmaßungen und Nachstellungen. Ein Mann rief in einem Strandbad von Chicago einer Frau nach: »Wenn du nicht so reich wärst, dann wärst du eine Hure!« Damit sprach er auf krasse Art die verbreitete Ansicht aus, arme Frauen seien Huren und reiche Frauen wären Huren, wenn sie Geld bräuchten. In anderen Worten, Frauen, die für Geld arbeiten, werden Huren genannt. Es ist wahr, je mehr Geld und Privilegien eine Frau hat, desto weniger wahrscheinlich ist es, daß sie ihre Arbeitskraft verkauft, vor allem nicht auf Kosten ihrer Integrität.

Die Unabhängigkeit von lebensnotwendiger Arbeit bedingt oft eine Entfremdung von den Arbeitern, also auch von den Prostituierten. Eine Prostituierte, die in einer Arbeiterfamilie aufwuchs, sagte: »Prostituierte waren in meiner Kindheit ein fester, wenn auch stigmatisierter Bestandteil unseres Viertels, und als ich älter wurde, waren sie meine Freundinnen. Als ich Geld brauchte, um weiter zur Schule gehen zu können, war es das Einfachste und Natürlichste, sich Freier zu suchen. Bald war ich im Geschäft. Jetzt, wo ich mit dem College fast fertig bin und mit Leuten aus der Mittelschicht verkehre, kann ich über meine Vergangenheit nicht sprechen. Leute, die nicht auf der Straße aufgewachsen sind, können das nicht verstehen.«

Eine andere Arbeiterin berichtete, daß die Huren in ihrem schwarzen Viertel nicht stigmatisiert wurden: »Die Prostituierten in meinem Viertel wurden in alles einbezogen. Wir alle vertrauten ihnen. Als Kind wußte ich, daß ich mich immer auf meine Prostituiertenfreundinnen verlassen konnte, wenn ich mal ein paar Groschen brauchte. Sie waren allerdings auch die einzigen, die immer genug hatten und es sich leisten konnten, großzügig zu sein.«

Eine andere Arbeiterin beschloß, keine Prostituierte zu werden, obwohl viele ihrer Freundinnen Prostituierte waren. Der bewußte Entschluß, keine Prostituierte zu *werden*, ist unter Arbeiterinnen mehr verbreitet als unter Mittelschichtfrauen, die sich wohl eher unbewußt entscheiden, nicht mit Prostituierten zu *verkehren*. Wenn eine Frau es schafft, nicht mit Unkeuschheit in Verbindung gebracht zu werden, darf sie hoffen, vor einer Stigmatisierung als Hure sicher zu sein. Doch selbst dann bleibt sie immer noch ein Niemand. Bestenfalls kann die ›traditionelle‹ Frau darauf hoffen, die Identität ihres Ehemannes zu übernehmen.

Früher gehörte jede Frau, die einer Erwerbsarbeit nachging, zur »Arbeiterklasse«. Und alle Arbeiterinnen wurden von den Männern der Oberschicht wie Prostituierte behandelt.[14] Prostituierte wurden weder damals, zum Beispiel in Holland im 19. Jahrhundert, noch werden sie heute mit Respekt behandelt (siehe Teil I). Frauen kämpfen auch heute noch in den verschiedensten Berufen gegen sexuelle Anmaßungen und Belästigungen von seiten der Männer. Doch der Kampf der arbeitenden Frauen für ihre Rechte richtet sich gewöhnlich dagegen, WIE HUREN BEHANDELT ZU WERDEN, und nicht gegen die schlechte BEHANDLUNG VON HUREN. Prostituierte sind das Sinnbild der stigmatisierten arbeitenden Frau. Berufstätige Frauen werden unabhängig von ihrer Klassenzugehörigkeit häufig als Huren stigmatisiert. Gerade in Ländern wie Holland, wo kulturelle Werte gegen die Erwerbsarbeit von Frauen sprechen, haftet den Arbeitsbedürfnissen und -wünschen der Frauen das Huren-Stigma besonders stark an.

Die Rassendiskriminierung sowie die Unterdrückung der Juden und bestimmter Klassen sind eindeutig Unterwerfungs- und Kontrollmechanismen. Den betroffenen Gruppen wird Unsauberkeit im Blut, in der Geschichte oder in der gesellschaftlichen Stellung unterstellt, um die gesellschaftliche Ächtung, die körperliche Mißhandlung oder Verfolgung, die Verweigerung von Rechten und den sexuellen Mißbrauch von Frauen zu rechtfertigen. Unterdrückte Frauen werden verdächtigt,

Huren oder hurenhaft zu sein, solange sie nicht das Gegenteil beweisen. Für eine »unreine« Frau gibt es allerdings keinen Beweis gegen die Unterstellung, eine Hure zu sein. Kämpft eine Frau ums Überleben und um ihre Würde, muß sie entweder »als Reine gelten« oder sich als Hure gegen Mißbrauch wehren. Unterdrückten Männern wird unterstellt, gemein, gierig oder unmenschlich zu sein, solange sie nicht das Gegenteil beweisen. Aber auch sie können dem Stigma nicht entrinnen, außer es gelingt ihnen, ihre Identität – zum Beispiel als Homosexuelle – zu verbergen.

Jungfrau oder Hure

Unkeuschheit wird außerdem als Nicht-Jungfräulichkeit und als Verdorbenheit definiert. Die weibliche Jungfräulichkeit gilt allgemein als das Gegenteil der Verdorbenheit: Die Jungfrau ist »unverdorben«, und das entjungferte Mädchen – oder die Frau – ist »verdorben«. Die Nicht-Jungfräulichkeit bezieht sich also in erster Linie auf sexuelle Erfahrung. Die Verdorbenheit hängt sowohl mit körperlicher als auch sexueller Beschmutzung oder Schändung zusammen. Knaben und Männer werden durch (heterosexuelle) Nicht-Jungfräulichkeit oder Schändung nicht stigmatisiert. Die verlorene Unschuld, die ein Mädchen entehrt, kann für Knaben sogar statusfördernd sein. Sex- und Gewalterfahrungen entehren Frauen und ehren Männer. Frauen werden mit dem *Scharlachroten Buchstaben* stigmatisiert, während man Männer mit der *Roten Tapferkeitsmedaille* auszeichnet.[15] Ihre Schande ist seine Ehre.

Traditionell wird von einem Mädchen erwartet, daß es bis zur Hochzeit, wenn der Mann es »nimmt«, Jungfrau bleibt. Wenn sie vor der Ehe sexuelle Beziehungen eingeht, gilt sie als unkeusch und kommt in manchen Kulturen für eine standesgemäße Ehe nicht mehr in Frage. Ob der Geschlechtsakt freiwillig oder aufgezwungen war, spielt hinsichtlich des sozialen Schadens, der durch den Verlust der Jungfräulichkeit entstanden ist, keine Rolle. Wenn der Geschlechtsakt erzwungen wurde, kann das Mädchen zwar seinen Opferstatus geltend machen, doch dies bedeutet gleichzeitig, daß es als doppelt geschädigt betrachtet wird: nämlich durch die sexuelle Erfahrung und den Mißbrauch. Mädchen werden als Huren stigmatisiert, sobald sie mit Sex in Berührung kommen, ob unter Zwang oder freiwillig. Der Eifer, mit dem Eltern ihre Töchter vor sexueller Verführung oder Gewalt schützen, beweist, wie sehr sie sich des Huren-Stigmas bewußt sind.

Da das Stigma so verheerend für die Zukunft eines Mädchens ist, verlangt die Gesellschaft von den Eltern, daß sie den guten Ruf der Tochter sogar auf Kosten ihrer Sicherheit, Entwicklung oder körperlichen Integrität schützen. Eine solche Verdrehung der Werte treibt manche Väter dazu, ihre Töchter auf eine Art und Weise, die man schon als krankhaft bezeichnen muß, vor *anderen* Männern zu »schützen«, indem sie sie Verhören unterziehen, sie schlagen und/oder sexuell selbst in Anspruch nehmen. Die Berichte dreier Frauen verdeutlichen, wie dieser »väterliche Schutz« auszusehen vermag:

»Ich war Daddys kleines Mädchen. Als ich so mit fünfzehn auf die High School kam, fing ich an, ziemlich viel herumzubumsen ... Sobald mein Vater das rausbekam, fand er einen Vorwand, um mich windelweich zu schlagen. Das passierte jedesmal, wenn ich einen neuen Freund hatte.«

»Mein Vater hat mich nie geschlagen, aber ich erinnere mich, daß ich nie abwaschen wollte, weil er mich dann vor lauter ›Zuneigung‹ immer überall absabberte. Aber jeden Sonntagmorgen unterzog er mich einem Verhör und wollte ganz genau wissen, was ich am Abend zuvor gemacht hatte. Außerdem konkurrierte er mit meinen Freunden, indem er ins Zimmer kam und seine Muskeln spielen ließ. Und er sagte zu mir: Er würde mir einen Freund suchen, wenn es soweit sei; oder ich würde eines Tages auf der Straße enden; oder kein Mann würde ein Mädchen heiraten, das nicht mehr Jungfrau ist; oder wenn ich schwanger würde, müßte ich nicht von zu Hause abhauen.«[16]

»Mein Vater benutzte mich sexuell, seit ich fünf war. Und als ich anfing, mit Jungs auszugehen, beschimpfte er mich als Hure. Ich fragte ihn, warum ich plötzlich eine Hure sei, sobald ich einen Freund in meinem Alter hätte, nachdem er mich schon jahrelang gefickt habe! Er sagte, daß das mit ihm etwas anderes sei, weil er mich liebte und weil das in der Familie bliebe.«

Sexueller Kindesmißbrauch ist die klassischste Form für die Schändung von Mädchen. Die Beschuldigung der Mädchen, unkeusch zu sein, wird dann benutzt, um die sexuelle Gewalt der Männer zu rechtfertigen und zu entschuldigen. Ein eindrucksvolles Beispiel ist die Verkündung eines Richters in einem

Fall, wo eine Fünfjährige sexuell belästigt worden war: »Ich stelle fest, daß wir es hier mit einer sexuell ungewöhnlich promisken jungen Dame zu tun haben. Und er (der Angeklagte) wußte nicht, wie er sich wehren sollte. Auf keinen Fall glaube ich, daß er den sexuellen Kontakt initiiert hat«[17]. In einem anderen Fall, der weniger extrem, doch im Grunde identisch ist, erinnert sich eine Frau daran, wie sie ihrem Freund erzählte, daß sie mit acht Jahren von einem Mann sexuell belästigt worden war: »Es war, als ob ein Geist von früher zurückkehrte, als das bekannte Grinsen über sein Gesicht huschte und er sagte: ›Du mußt als kleines Mädchen sehr sexy gewesen sein‹«[18]. Im selben Tenor sprach ein Rechtsanwalt über ein vierzehnjähriges Inzestopfer: »Ich kann ihren Vater verstehen, sie ist ein hübsches Mädchen.« Weibliche Schönheit, auch bei einem jungen Mädchen, diente damit als Rechtfertigung für sexuelle Notzucht.

Im Gegensatz zu Vätern mißbrauchen Mütter ihre Töchter selten sexuell. Die Gesellschaft verlangt von ihnen, daß sie die Keuschheit ihrer Töchter behüten, sei es durch Warnungen, Beschuldigungen oder Verbote. Mütter sind dafür bekannt, daß sie sich Sorgen machen, wenn ihre Töchter sich körperlich früh oder wenn sie einen auffällig weiblichen Körper entwickeln. Als ihre Tochter einen neuen Badeanzug anprobierte, drohte die Mutter: »Darin kannst du nicht in die Öffentlichkeit gehen! Ein Mann wird dich vergewaltigen!« Unausgesprochen wird das Mädchen darauf hingewiesen, daß es dafür verantwortlich ist, sexuellen Übergriffen von Männern vorzubeugen. Wenn es trotzdem das Opfer einer Notzucht wird, kann es beschuldigt werden, provozierend gewesen zu sein; oder die Mutter gibt sich selbst die Schuld, ihrer Tochter zu viel Freiheit gewährt zu haben. In anderen Fällen mag dem Mädchen die Notzucht nicht zur Last gelegt werden, aber dann wird von ihm erwartet, daß es so tut, »als sei nichts passiert«. Eine Frau erinnerte sich, wie sie sich bei ihrer Mutter über die »schmierigen« Küsse ihres Onkels beschwert hatte: »Ich dachte, sie würde meinem Onkel die Leviten lesen, aber statt dessen gab sie *mir* eine Ohrfeige!« Die Neigung der Mütter, die Sexualität ihrer Töchter zu unterdrücken, und die der Väter, die Sexualität ihrer Töchter für sich in Anspruch zu nehmen, ist ein Teil der geschlechtsspezifischen Erziehung von Frauen. Ungewollt können die »Schutzmaßnahmen« beider Eltern eher zur Stigmatisierung als zum Schutz von Mädchen führen.

Auch Psychologen kommen traditionell zu dem Schluß, die Mädchen seien am sexuellen Mißbrauch selbst schuld. Ein männlicher Psychologe äußerte über ein Inzestopfer: »Aufgrund einiger Einzelheiten, die sie über die Beziehung zu ihrem Vater erzählte, ist es offentsichtlich, daß sie nicht ganz so unschuldig war. Aber emotional war sie nicht in der Lage, ihre sexuelle Bindung an ihn zu akzeptieren«[19]. Andere Psychologen, vor allem die orthodoxen Freudianer, neigen dazu, die tatsächlichen sexuellen Kontakte zwischen Vater und Tochter völlig auszuschließen.[20] In dem Fall wird der sexuelle Mißbrauch nicht auf die Verführungskunst des Mädchens zurückgeführt, sondern auf sein Wunschdenken. Die erste Reaktion, wenn ein Kind einen Inzestakt enthüllt, ist tatsächlich oft so, daß das Kind der Lüge beschuldigt wird. Dadurch werden Mädchen dazu erzogen, ihre Mißbrauchserfahrungen zu verheimlichen und ihren Schmerz zu verschweigen.

Wenn sie erst einmal den Makel der Unkeuschheit tragen, kommt es vor, daß Mädchen sexuell aktiv sind und sich eher mit einer Hure als mit dem Modell der Hausfrau identifizieren:

»Schon als Teenager wurde ich als Hure bezeichnet, warum sollte ich mich also nicht dafür bezahlen lassen?«

»Ich war ein absolut ›braves Mädchen‹, und dann wurde ich vergewaltigt. Es war nie besonders toll gewesen, mich aufzuheben, und nachdem ES einmal passiert war, machte ich es häufig.«

»Ich war eine geborene Hure. Mein Vater pflegte mit mir herumzuziehen, und alle seine Freunde sagten: ›He, wer ist denn deine hübsche Freundin? Komm, gib mit einen Kuß, Kleine.‹ Da ich jung war, indentifizierte ich mich mit den Bildern der Huren, die ich im Kino sah. Ich liebte den Glanz, der sie umgab.«

»Mein Vater beschimpfte mich mit allen möglichen Namen und tobte herum und schrie: ›Du taugst zu gar nichts. Du bist eine Hure. Du bist ein Nichts. Du bist dies, und du bist das. Du bist durch und durch schlecht.‹ Sie (Vater und Mutter) machten selbst aus der harmlosesten Bekanntschaft mit einem Mann etwas ganz Schlechtes ... ständig nannten sie mich eine Hure – also bin ich auch eine geworden. Deswegen gehe ich mit jedem ins Bett. Es ist ein Teufelskreis.« (Frau, die von ihrem Vater sexuell mißbraucht worden war)[21]

Die Sexualisierung, Verunglimpfung und Belästigung von Mädchen stellen eindeutig Verletzungen ihrer Integrität dar.

Es ist schockierend, wie häufig, ja sogar normativ, solche Eingriffe von Erwachsenen und Kindesmißbrauch sind. Eine Frau, die nie solche Verletzungen erfahren hatte, sagte: »Ich war entsetzt, als mein Vater mit Stolz auf seine Leistung hinwies, daß er mich nie belästigt habe.« Offensichtlich war sein Respekt vor der sexuellen Integrität der Tochter nicht selbstverständlich gewesen. Anders als dem Vater wird dem Mädchen zu seiner Jungfräulichkeit nicht gratuliert. Nur die Unkeuschheit wird Frauen angerechnet, aber dann auch nur als ein Stigma.

Der Zusammenhang zwischen dem sexuellen Mißbrauch und dem Huren-Stigma spielt eine besondere Rolle, seit bekannt ist, wie häufig und in welchem Ausmaß Inzest vorkommt. Angesichts der stigmatisierenden Gleichsetzung der HURE mit SEXUELLER UNKEUSCHHEIT, mit MISSBRAUCH und mit VERDORBENHEIT bleibt dem mißbrauchten Mädchen nichts anderes übrig, als seine Erfahrungen zu verdrängen oder auf sein Recht auf Integrität zu verzichten. Daß Frauen, die Prostituierte werden, bereits vorher häufig als Huren bezeichnet wurden, ist keine besondere Erkenntnis, aber auch keine großartige Erklärung. Das Huren-Stigma wird dann zu einer lebenslangen Bestrafung. Natürlich haben Frauen, die bereits als Huren stigmatisiert sind, weniger Hemmungen, anschaffen zu gehen, als Frauen, die noch dem Keuschheitsideal anhängen. Sehr häufig wird ein Zusammenhang zwischen einer »unkeuschen Kindheit« und der Prostitution hergestellt, doch leider steht dabei nicht das Huren-Stigma, sondern die angeblich neurotische Persönlichkeit im Mittelpunkt des Interesses.

Wie bereits in Teil I dargestellt, werden Prostituierte durch psychologische Theorien, denen zufolge sie als psychisch gestört gelten, entehrt. Die sexuellen Mißbrauchserfahrungen gelten als Beweis für solche psychischen Störungen. Tatsächlich gibt es weitaus mehr Nicht-Prostituierte als Prostituierte (in Zahlen, nicht in Prozenten), die Inzestopfer sind, und ungefähr 50 % der Prostituierten haben keine Inzesterfahrungen (siehe Literaturhinweise in Teil I). Sexuelle Mißbrauchserfahrungen in der Kindheit sind kein besonderes Merkmal erwachsener Prostituierter. Es ist aber ein typisches Kennzeichen der Unterdrückung von Frauen. Wer den Mißbrauch eher mit der Unkeuschheit als mit der Unterdrückung von Frauen in Verbindung bringt, unterstützt jene Wahnvorstellungen, die die Gewalt gegen Frauen rechtfertigen. Eine dieser Wahnvorstellungen ist, daß das weibliche Verhalten die Ursache für die sexuelle Gewalt von Männern ist. Die andere Wahnvorstellung ist die, daß die sexuelle Gewalt von Männern der weiblichen Persönlichkeit irreparable Schäden zufügt. Vergewaltigte Frauen werden durch diese Deutung auch noch beschuldigt und stigmatisiert. Es wird von ihnen eher erwartet, daß sie das Erlebnis bereuen, als daß sie es überwinden. Eine Frau sagte: »Die Leute stellen alle möglichen Überlegungen an, wenn sie von meiner Vergangenheit hören. Ich bin in meiner Kindheit schrecklich geschlagen und vergewaltigt worden. Gott sei Dank, es ist vorbei. Aber durch die Verurteilung der Leute werde ich diese Last nicht los. Es ist so, als wäre ich durch die schlechte Behandlung eine schlechte Person geworden.«

Bei erwachsenen Frauen ist der Maßstab für ihre Keuschheit nicht die Jungfräulichkeit, sondern die monogame Ehe (oder ein religiöses Leben). Und der Hüter der weiblichen Sexualität ist nicht der Vater, sondern der Ehemann (oder Gott). Genauso wie die Mädchen müssen erwachsene Frauen bei sexuellem Mißbrauch die Schuld und die Schande auf sich nehmen. Es ist interessant festzuhalten, daß Sexualität und erlittener Mißbrauch Mädchen zu unkeuschen Frauen und Frauen zu leichten Mädchen abstempelt. Man könnte sagen, daß der Inzest die klassische Methode ist, Mädchen die Sicherheit zu verweigern, die jedem Kind zusteht, und daß Prostitutionsverbote die klassische Methode sind, erwachsenen Frauen freie Sexualität und finanzielle Rechte zu verweigern.

Der sexuelle und körperliche Mißbrauch von Ehefrauen durch ihre Männer wird sogar noch eher akzeptiert als der Mißbrauch von Töchtern durch Väter. Ein Staatsanwalt in England bezeichnete die Mißhandlung einer Frau durch ihren Mann als eine manchmal »sinnvolle Züchtigung«, insbesondere in Fällen sexueller Untreue.[22] Sexuelle Untreue wird von Ehemännern tatsächlich häufig als Rechtfertigung für Kontrolle, Tyrannei und/oder körperliche Mißhandlung benutzt.[23] Sogar enge Freunde und Familienmitglieder neigen dazu, Männergewalt in der Ehe zu entschuldigen. Eine Frau gab ein Gespräch mit ihrer Mutter wieder: »Mama, Chuck hat mich blutig geschlagen. Er hat mir eine Pistole an den Kopf gehalten und ... er hat mich gezwungen, Sex mit Frauen und anderen Männern zu treiben. Er droht dauernd, mich umzubringen.« Die Mutter antwortete:

»Aber, Linda, er ist doch *dein Mann*«[24]. Natürlich geben nicht alle offiziellen Stellen oder Familien so wenig Unterstützung, aber das Stigma, das der geschlagenen oder sexuell mißbrauchten Frau anhaftet, ist gesellschaftlich legitimiert. Eine geschlagene Frau erzählte: »Ich habe gelernt, daß die Ärzte, die Polizei, der Pastor und meine Freunde meinen Mann dafür entschuldigen, daß er mein Gesicht übel zurichtet, aber sie vergeben mir nicht, daß ich grün und blau geschlagen und kaputt aussehe.«[25] Sichtbare Mißhandlung wird als Zeichen für das »Fehlverhalten« einer Frau betrachtet, so als wäre das Schlagen die gerechte Strafe für vermutete weibliche Unkeuschheit.

Außerhalb der Ehe werden Frauen aufgrund jeder sexuellen Beziehung als Huren stigmatisiert. Das Stigma, das mit der sexuellen Autonomie verknüpft ist, wurde bereits diskutiert. Jetzt geht es mehr um den sexuellen Mißbrauch. Phyllis Schlafly, die stimmgewaltigste amerikanische Antifeministin, sagte: »Tugendhafte Frauen werden selten belästigt«[26]. In anderen Worten heißt das, belästigt zu werden, ist ein Beweis für mangelnde Tugendhaftigkeit oder für Unkeuschheit.[27] Außerdem werden weibliche Opfer von Gewalttaten traditionell beschuldigt, sexuelle Mißhandlungen provoziert, dazu aufgefordert oder sich nicht gewehrt zu haben.[28] Prostituierte dienen als Paradebeispiel für weibliche Unkeuschheit. Da sie Männer zu sexuellen Handlungen auffordern, geht man bei ihnen auch davon aus, daß sie zu Männergewalt auffordern. Angeblich kann eine Hure nicht vergewaltigt werden, da sie bereits die Keuschheitsregeln übertreten hat. In dem Fall einer Prostituierten, die vergewaltigt worden war, sagte ein holländischer Staatsanwalt vor Gericht, »daß die sexuelle Mißhandlung angesichts ihrer Tätigkeit keinen großen Eindruck auf sie gemacht haben kann«[29].

Eine holländische Studie ergab, daß Polizisten die Vergewaltigung von Straßenprostituierten am wenigsten ernst nehmen. Die Vergewaltigung durch viele unbekannte Männer wurde als die am meisten ernst zu nehmende eingestuft. Die Vergewaltigung durch den eigenen Freund oder einen männlichen Bekannten und die Vergewaltigung einer betrunkenen Frau wurden nur etwas ernster genommen als die Vergewaltigung einer Prostituierten. In der Studie kam man zu dem Schluß, daß Vergewaltigung je nach dem Risiko, das die Frau durch ihr Verhalten oder ihren Aufenthaltsort eingeht, beurteilt wird. Bezeichnenderweise ist die polizeiliche Beurteilung, wie ernsthaft eine

Vergewaltigung ist, der wichtigste Maßstab dafür, ob ein Fall vor Gericht gebracht wird.[30] Prostituierte wissen allzu gut, wie schwer es für eine Hure zu beweisen ist, daß sie vergewaltigt wurde. Schon allein durch die Anwesenheit einer als Prostituierte bekannten Frau im Gerichtssaal kann die Glaubwürdigkeit eines Vergewaltigungsopfers gefährdet werden.[31] Die Identifizierung oder Assoziierung eines Menschen mit Unkeuschheit – sei es im Hinblick auf Sexualität, Rasse oder Beruf – wird als ein Zeichen von Verdorbenheit und Verfügbarkeit gewertet. Diese Ansicht, daß eine »Frau entweder rein oder verfügbar für alle«[32] ist, führt dazu, daß Männergewalt gegen sogenannte unkeusche Frauen entschuldigt wird und die Frauen für die erlittenen Mißhandlungen beschuldigt werden. Zu diesen Frauen kann natürlich jede Frau gehören, deren Tugend in Frage gestellt wird.

Da heterosexuelle Männer nicht nach ihrem sexuellen Verhalten beurteilt werden, sind bei ihnen nur die Hautfarbe, die ethnische oder die Klassenzugehörigkeit oder die Homosexualität ein sozialer Hinweis auf ihre angebliche Unkeuschheit. Zumindest in Ländern mit einer starken Tradition der Toleranz, wie zum Beispiel in Holland, werden diese Hinweise glücklicherweise eher als Vorurteile denn als Beweise gewertet. Die assoziative Verbindung von schwarzen Männern mit Vergewaltigung ist ein tief verwurzeltes Vorurteil, aber die Rassenzugehörigkeit würde gesetzlich niemals als Schuldbeweis anerkannt werden. Häufig werden jedoch die sexuellen Erfahrungen einer Frau ins Feld geführt, um die Glaubwürdigkeit ihrer Aussage zu erschüttern.[33] Dank des Kampfes von Feministinnen hat sich daran in den letzten Jahren etwas geändert, so daß Beweise allmählich mehr zählen als Vorurteile. Trotzdem muß man auch heute noch bei vielen Gerichtsverfahren in Nordamerika und Westeuropa damit rechnen, daß das Vergewaltigungsopfer für das Verbrechen des Vergewaltigers verantwortlich gemacht wird.[34]

Die äußerste Form der Schändung ist der Tod durch Mord oder durch Krankheit. Auch dann wird die Unkeuschheit für das tödliche Ende oder die krankhafte Verunreinigung verantwortlich gemacht. Insbesondere die weiblichen Prostituierten und homosexuellen Männern unterstellte sexuelle Unreinheit wird als Merkmal einer selbstgewählten Lebensform verstanden, die mit Schande und Verletzbarkeit verbunden ist. Gewalt, Krankheit und schlimmstenfalls den Tod betrachtet man als Strafe dafür, daß sich jemand selbst in Gefahr gebracht hat. Nicht zufällig wird der Mörder einer Hure oder eines schwulen Mannes als »Prostituiertenmörder« oder »Homosexuellenmörder« bezeichnet. Sowohl die Hure als auch der Schwule werden für mitschuldig an ihrem eigenen Tod gehalten. Ein Beispiel dafür war der Mord an Pier Paolo Pasolini in Italien. Das Gerichtsverfahren konzentrierte sich genauso intensiv auf das Opfer wie auf den Mörder. Der öffentliche Skandal drehte sich nur um Pasolini: Warum ließ er sich mit der Schwulenszene ein? Warum brachte er sich in die Gefahr, ermordet zu werden?[35]

Etwas Ähnliches ist es, wenn das Ansehen einer Prostituierten durch ihre Ermordung genauso geschädigt wird wie das des Mörders durch seine Tat. Die Mordopfer des berüchtigten Jack the Ripper wurden in der Presse als Prostituierte dargestellt, doch in Wirklichkeit waren nur einige von ihnen Prostituierte. Die sexuelle Vergangenheit der Opfer füllte die Tageszeitungen, so, als sollten andere Frauen vor den Gefahren der sexuellen Unkeuschheit gewarnt werden.[36] Bezeichnenderweise wurde nur die Sorge darüber geäußert, in welcher Gefahr sich Nicht-Prostituierte befinden. Auch in jüngerer Zeit wurden Huren-Mörder in Leeds, Los Angeles und Seattle erst dann für eine ernsthafte gesellschaftliche Bedrohung gehalten, als Nicht-Prostituierte getötet wurden. Der Mord an Huren beunruhigt, bestürzt und empört den Großteil der Gesellschaft nicht. Gewalt gegen Prostituierte fördert vermutlich sogar die Ablehnung von Huren durch die Öffentlichkeit.

Die angeblich Unkeuschen werden nicht nur für die Gewalt, die ihnen angetan wird, sondern auch für Krankheiten verantwortlich gemacht. Das Huren-Stigma ist als ein Zeichen der Schande oder der Krankheit an einer unkeuschen Frau definiert worden. Schon bevor man etwas über die Übertragbarkeit von sexuellen Krankheiten wußte, wurde Prostitution mit Epidemien wie der Pest in Verbindung gebracht.[37] Auch heute beruht die Meinung, Krankheiten kämen von Prostituierten, eher auf Vermutungen als auf Tatsachen. Ein Beispiel dafür ist die verbreitete Annahme, Prostituierte seien mit dem HIV-Virus infiziert. Wie bereits erwähnt, haben Untersuchungen keine Verbindung zwischen heterosexueller Prostitution und Aids ergeben, außer wenn Prostituierte zu Betroffenengruppen wie intravenös Drogenabhängigen gehören.[38]

Ein weiterer Irrtum ist der, daß die meisten Prostituierten Geschlechtskrankheiten hätten oder sich nicht um den Erhalt ihrer

Gesundheit kümmern würden, wenn es nicht gesetzlich vorgeschrieben wäre. Die verschiedenen Prostitutionsgesetze und gängigen Vorstellungen beruhen auf diesen Vermutungen. Die Abolitionisten behaupten beispielsweise, nur die Abschaffung der Prostitution beseitige Geschlechtskrankheiten.[39] Gegner der Prostitution fordern die Kriminalisierung der Prostituierten, um Regeln für ein keusches Leben durchsetzen zu können.[40] Die Reglementaristen behaupten, Prostitution könne nicht ausgerottet werden. Die Prostitution müsse jedoch durch den Staat kontrolliert werden, um die medizinische Untersuchung der Prostituierten erzwingen zu können.[41] Es sollte hinzugefügt werden, daß diese Untersuchungen von Männern nie verlangt werden, selbst wenn man weiß, daß sie infiziert sind.[42]

Man geht davon aus, daß die Unkeuschheit ihren Ausgang bei den Huren nimmt und von dort über die Männer auf die ›keusche‹ Gesellschaft verbreitet wird. Die Dreiecksbeziehung zwischen der »ehrlosen Hure«, dem »würdelosen Ehemann« und der »keuschen Ehefrau« wird ganz deutlich, wenn es um Überlegungen zur Übertragung von Geschlechtskrankheiten geht. »Eine ›unschuldige‹ Frau kann eine Geschlechtskrankheit nur von einem ›sündigen‹ Mann bekommen. Der Mann seinerseits kann diese Geschlechtskrankheit nur von einer ›gefallenen Frau‹ haben.« Diese Darstellung stammt aus einer hervorragenden, gesellschaftshistorischen Studie über Geschlechtskrankheiten, in der es weiterhin heißt, daß dieser »einseitige Übertragungsweg eher die vorherrschende Meinung (Anfang des Jahrhunderts) widerspiegelt als eine bakteriologische Realität«[43]. Leider muß jedoch festgestellt werden, daß dieselben Vorurteile, die zu Beginn des Jahrhunderts vorherrschten, noch heute als Rechtfertigung dienen, um Prostituierte für Krankheiten verantwortlich zu machen.

Bei einem Treffen von Prostituierten und Ex-Prostituierten tauschten die Frauen ihre Erfahrungen über die Geschlechtskrankheiten aus, die sie während des Anschaffens bekommen hatten. Mehrere erzählten stolz, daß sie kein einziges Mal geschlechtskrank gewesen seien. Andere berichteten, daß sie sich bei ihrem Freund, mit dem sie nie Kondome benutzten, angesteckt hätten, aber niemals bei einem Kunden, mit dem sie immer Kondome benutzten. Einige sprachen über die Sinnlosigkeit staatlicher Gesundheitskontrollen, da sie sich zwischen den Terminen anstecken könnten oder weil die Routineuntersuchungen oft unzulänglich seien. Einige ärgerten sich über die Stigmatisierung, die mit dem Besuch einer »Huren-Klinik« verknüpft ist, und darüber, daß sie nicht das Recht haben, sich einen eigenen Arzt zu suchen. Keine Frau war der Meinung, daß die Zwangsuntersuchung in ihrem eigenen Interesse oder im Interesse der öffentlichen Gesundheit sei. Alle hatten jedoch aus persönlichen sowie beruflichen Gründen selbst das unabdingbare Interesse am Erhalt ihrer Gesundheit.

Zusammenfassend läßt sich zu diesem Kapitel über die Hure als Nicht-Jungfrau oder verdorbene Frau sagen, daß Sexualität, Mißhandlung und Krankheit häufig nicht nur als Ursachen, sondern auch als Symptome der Unkeuschheit betrachtet werden. Diese gesellschaftlich bedeutsamen Faktoren können permanent stigmatisierend wirken, ob sie nun zum Vergnügen, zum Schmerz oder zum Tod führen. Was die Erfahrung mit Gewalt und mit Krankheit betrifft, haben homosexuelle Männer eine ähnliche gesellschaftliche Position wie Prostituierte. Trotzdem haben selbst homosexuelle Männer, wie das holländische Beispiel zeigt, einen besseren Zugang zu Finanzmitteln und öffentlicher Macht als Frauen. Das Huren-Stigma ist eine verbreitete Methode, um Frauen für ihre Lebenserfahrung, ihren sexuellen Mißbrauch und die ihnen unterstellte Minderwertigkeit zu kennzeichnen.

Bloß nicht auffallen oder: Was zuviel ist, ist zuviel!

Zur Unkeuschheit gehören die unanständige und zügellose Sprache, Erscheinung und ein ebensolches Verhalten. Unanständig ist gleichbedeutend mit unschicklich, unsittlich und obszön. Zügellosigkeit wird definiert als freimütiges Verhalten, mangelnde Selbstkontrolle, maßlos und übertrieben *(The Concise Oxford Dictionary)*. Natürlich unterscheiden sich die Definitionen von Unanständigkeit und Zügellosigkeit von Kultur zu Kultur und von einer Generation zur nächsten. Trotzdem werden Frauen, deren Verhalten als unschicklich empfunden wird, unabhängig von Kultur und Zeit als Huren stigmatisiert. Es muß kurz erwähnt werden, daß *weibisches* Verhalten oder *weibische* Kleidung beziehungsweise *pennerhaftes* Verhalten oder *pennerhafte* Kleidung die männlichen Gegenstücke zur weiblichen Unanständigkeit sind. Ein Mann wird für gewöhnlich stigmatisiert, wenn er aus der Gesellschaft »aussteigt«, während eine Frau normalerweise stigmatisiert wird, wenn sie sich in der Gesellschaft verbal und auffällig »zur Schau stellt«.

Straßenprostituierte sind aus Werbungsgründen darauf angewiesen, wie eine Hure zu sprechen, zu erscheinen und sich so zu verhalten. Sie sind »öffentliche Frauen«, die ZU VIEL ZEIGEN, ZU VIEL SAGEN, ZU VIEL WISSEN und ZU VIEL TUN. ZU VIEL von irgend etwas ist bei Frauen schon ein Zeichen von Unkeuschheit. Jede Art von Übertreibung wie ZU VIEL LACHEN, ZU VIEL ESSEN, ZU VIEL MAKE-UP, SCHMUCK oder PARFÜM wird für obszön gehalten. Das gilt für Nicht-Prostituierte wie für Prostituierte. Das Bild der Hure wird komplett, wenn man ZU WENIG KLEIDUNG hinzufügt.

Historisch wurde eine Trennung zwischen übertrieben und akzeptabel vollzogen, um unkeusche von keuschen Frauen zu unterscheiden. In den verschiedensten Epochen der Geschichte wurde Prostituierten offiziell befohlen, sich auf bestimmte Art zu kleiden. So mußten sie sich durch Schmuck oder einen bestimmten Hut oder eine bestimmte Farbe als Prostituierte erkennbar machen. Gleichzeitig wurde von Nicht-Prostituierten erwartet, sich nicht wie eine Prostituierte herauszuputzen.[44] Die äußere Erscheinung ist noch heute ein Kriterium der öffentlichen Kontrolle. Doch während vor Hunderten von Jahren Prostituierte inhaftiert wurden, weil sie von anständigen Frauen nicht zu unterscheiden waren, werden Prostituierte heute festgenommen, weil sie als Prostituierte zu erkennen sind. Heute ist eher die Sichtbarkeit als die Anpassung ein gesellschaftliches und/oder kriminelles Vergehen. So werden zum Beispiel Straßenprostituierte in Paris verhaftet, wenn sie ZU NACKT sind. Straßenprostituierte in den Niederlanden müssen Bußgeld zahlen, wenn sie in Gebieten ertappt werden, die nicht für die Prostitution ausgewiesen sind. Gleichzeitig gilt jedoch die Fensterprostitution in Amsterdams berühmtem Rotlichtbezirk als eine von Amsterdams größten Touristenattraktionen. Immer wird versucht, die Sichtbarkeit der Prostituierten einzuschränken, sei es durch Behinderung oder sei es durch Toleranz oder sogar Unterstützung. Vor allem wenn ein nationales Ereignis wie der Amsterdamer Segelwettbewerb oder die Olympischen Spiele in Los Angeles bevorstehen, neigen die Behörden dazu, »die Straßen von der Unkeuschheit zu säubern«. In manchen Ländern, wie zum Beispiel in Schweden, werden während solcher sogenannter »Säuberungs«-Aktionen sowohl die Kunden als auch die Prostituierten belästigt. Doch üblicherweise bringt man die Huren entweder ins Gefängnis oder treibt sie an einen anderen Ort oder zu versteckteren (und damit unsicheren) Arbeitsplätzen.

Die Gesellschaft erwartet von Frauen, daß sie es vermeiden, wie Huren auszusehen, außer sie gehen tatsächlich der Prostitution nach. Aber selbst die meisten Prostituierten tragen »ordentliche Kleidung«, wenn sie nicht arbeiten. Dennoch werden Huren und Nicht-Huren immer wieder verwechselt. Eine lesbische Feministin, die als Prostituierte arbeitet, sagte: »Meine Huren-Freundinnen wissen alle, daß ich Lesbe bin, aber keine meiner lesbischen Freundinnen weiß, daß ich eine Hure bin. Sie würden ausflippen, wenn sie mich in Arbeitskleidung sähen.« Eine Amerikanerin aus den Südstaaten, die mehr Make-up und Flair gewohnt war als in den Nordstaaten der USA üblich, berichtete: »Als ich im Norden zu Besuch war und dort in einem Hotel übernachtete, kam tatsächlich ein Polizist mit so einem wissenden Blick zu mir und forderte mich auf, das Hotel zu verlassen!« Eine holländische Künstlerin, die enge Kleidung und dickes Make-up liebte, sagte: »Einmal ging ich in dieses feministische Café ... und nie wieder. Sie behandelten mich wie eine Hure.«

Ausschlaggebend für den Eindruck von Unanständigkeit und Zügellosigkeit ist nicht nur, was eine Frau trägt, sondern auch, was sie sagt. Margaret Smith, eine Komödiantin aus Chicago, entwaffnet beispielsweise die Zuschauer mit dem folgenden Witz: »Wenn ich in eine Single-Bar gehe, hasse ich es, wenn Männer zu mir kommen und sagen: ›Hallo, Schätzchen, kann ich dir einen Drink ausgeben?‹ Am liebsten hätte ich immer geantwortet: ›Nein danke, aber ich nehme gern das Geld«[45]. Was ist an diesem Witz so dreist, so unangenehm und gleichzeitig so reizvoll? Margaret Smith hat damit das Spiel aufgedeckt. Wenn die Frau den Drink annimmt, ohne ihn zu wollen, spielt sie die unterwürfige Frau (die Ehefrau?). Wenn sie dem Mann sagt, er solle abhauen, ist sie zurückweisend (die Lesbe?). Und wenn sie um das Geld bittet, dann ist sie fordernd, das heißt, sie spielt die Hure. Es wirkt also unkeusch, wenn eine Frau Geld dafür verlangt, wie ein Schätzchen behandelt zu werden. Durch ihre Sprache wird sie gebrandmarkt. Wenn ihr Geld unter dem Vorwand eines Trinkgeldes oder eines Geschenkes gegeben wird, kann sie es passiv oder dankbar akzeptieren. Aber sobald sie Geld fordert, überschreitet sie die Grenze vom anständigen zum unanständigen Verhalten.

Die Kriterien, nach welchen eine Sprache unanständig wirken kann, sind kontextabhängig: Auf den holländischen Antillen wird beispielsweise die spanische Sprache mittlerweile mit Unkeuschheit assoziiert, weil viele Prostituierte aus spanischsprachigen Ländern kommen. Eine holländische Frau von den Antillen sagte: »Von jeder Frau, die auf dem Markt spanisch spricht, glaubt man, sie sei eine Hure.« Eine andere Sprache oder ein fremder Akzent werden oft als Zeichen für sexuelle Verfügbarkeit gedeutet. Freiwillig oder gezwungenermaßen alleinreisende Frauen sind eindeutig nicht zu Hause, wo man keusche Frauen erwartet.

Zuletzt glaubt man auch, daß die Zeichen weiblicher Unanständigkeit und Zügellosigkeit angeborene Eigenschaften reflektieren, die die Persönlichkeit der Huren von der der Nicht-Huren unterscheiden. Huren unterstellt man, daß sie *eine andere Art von Frauen* sind. In der Realität bleiben sich Frauen natürlich gleich, unanbhängig davon, ob sie für Prostitutionszwecke oder ob sie in ihrer »freien Zeit« wie Mütter, Heimarbeiterinnen oder Vorort-Ehefrauen bekleidet sind. Außerdem können Frauen in einem Land für Prostituierte gehalten werden und in einem anderen wiederum nicht. Die Übernahme der Prostituiertenmode durch Nicht-Prostituierte im Lauf der Zeit hat die Prostituierten bezeichnenderweise dazu gezwungen, ständig ihre Kleidung zu verändern.[46] Die Tatsache, daß Prostituierte von Nicht-Huren nicht mehr zu unterscheiden sind, wenn sie nicht arbeiten und oft sogar wenn sie arbeiten, bestätigt, wie absurd es ist, Huren angeborene Eigenschaften zuzuschreiben. Der Unterschied zwischen einer Prostituierten und einer Nicht-Prostituierten besteht nicht darin, wer sie ist, sondern darin, was sie tut. Prostituierte, die nicht als Huren erkannt werden oder von denen man nicht vermutet, daß sie Huren sind, werden nicht als Huren wahrgenommen. Das Huren-Stigma hat mit dem Wesen einer Frau nichts zu tun. Das Huren-Stigma ist eine Projektion.

Nur eine einfache Frau ist eine gute Frau

Die letzte Definition von Keuschheit ist Einfachheit. Eine keusche Frau ist eine einfache Frau. Einfach bedeutet soviel wie unentwickelt, schmucklos, schlicht, dumm, unerfahren oder unbedeutend *(The Concise Oxford Dictionary)*. Aus dieser Begriffsbestimmung ergeben sich drei Hauptkategorien der Stigmatisierung:
1. das Stigma, das mit der Autonomie von Frauen verbunden ist, das heißt mit Entwicklung, Erfahrung und Stärke,
2. das Stigma, das mit der Intelligenz oder Bildung von Frauen verbunden ist, also mit dem Gegenteil von Dummheit und Schlichtheit, und
3. das Stigma, das mit einer auffälligen Erscheinung von Frauen verbunden ist, zum Beispiel mit Schmuck.

Die Prostituierte, die Berufstätige und die lesbische Frau sind Beispiele für weibliche Autonomie in der Sexualität, bei der Arbeit und in der Identität. Was Sex und Geld betrifft, sind alle drei unabhängig von der Ehe, und jede wird eher nach ihrem eigenen Leben beurteilt als nach dem eines Mannes. Jede kann aber auch schnell ein Opfer von sexueller Stigmatisierung (als leichtlebig, frigide oder pervers) und sexuellem Mißbrauch werden. Sexueller Mißbrauch von Prostituierten ist bereits diskutiert worden. Sexueller Mißbrauch von berufstätigen Frauen wird am Beispiel von sexueller Belästigung am Arbeitsplatz am deutlichsten. Eine Geschäftsfrau, die das Gefühl und die Erfahrung vieler Frauen zum Ausdruck brachte, bezeichnete die sexuelle Belästigung als »eine Waffe, die gegen erfolgreiche Frauen eingesetzt wird, um ihre Glaubwürdigkeit zu untergraben, und«, fügte sie hinzu, »sie untergrub meine«[47].

Die Erfahrung von Lesben mit sexueller Belästigung hängt von der Sichtbarkeit ihres Lesbentums ab. So wie Huren nicht zu erkennen sind, wenn sie nicht bei der Arbeit sind, oder Juden für Nicht-Juden gehalten werden, glaubt man von Lesben häufig, sie seien heterosexuell. Doch gerade mit dieser Annahme wird die Integrität von lesbischen Frauen verletzt, weil damit ihre Existenz geleugnet wird und sie gezwungen werden, sich entweder zur Schau zu stellen oder zu verschwinden. Trotzdem gibt es zahlreiche Berichte von Lesben, die zu Sex gezwungen wurden, und zwar meistens von Männern, die »es ihr mal richtig zeigen« wollten. Eine Lesbe erzählte, daß sie bei einer Demonstration für die Rechte von Lesben und Schwulen mit Worten wie »Dreckige, schmutzige Lesbe ... HURE!« beschimpft worden sei. Die schlimmste Beschimpfung für Frauen ist, unabhängig von ihrer Sexualität, offensichtlich die Bezeichnung als Hure.

Die Herabsetzung von Intelligenz und Bildung bei Frauen zeigt deutlich die Double-bind-Situation, die durch das Huren-Stigma entsteht: Es ist unkeusch für eine Frau, zu klug zu sein, aber es ehrt sie auch nicht, wenn sie als dumm gilt. Die kluge Frau wird als eine Abweichung vom weiblichen Geschlecht verächtlich gemacht, und die banale Frau wird als eine typische Frau herabgesetzt. Eine Studie bewies, daß männliche – und manchmal auch weibliche – Therapeuten bestimmte Eigenschaften bei Männern sowie bei Menschen im allgemeinen für gesund erklärten, jedoch einige andere Eigenschaften, die generell passives und abhängiges Verhalten ausmachen, ausschließlich bei Frauen für gesund hielten.[48] In anderen Worten, Männer wurden als Menschen und Frauen als weibliche Rollenmodelle bewertet. Leider erscheint die weibliche Rolle verächtlich und angreifbar. Für Mädchen ist eine Frau, die »einfach, dumm und unbedeutend« ist, ein ebensowenig inspirierendes Vorbild wie eine Frau, die klug, aber verachtet ist. Und sowohl die eine als auch die andere werden vielfach mißbraucht.

Die Gleichsetzung von Einfachheit mit Schmucklosigkeit führt uns zu der Forderung nach weiblicher Unauffälligkeit. Daß Unsichtbarkeit eine Bedingung für Arbeiterinnen und Prostituierte ist, wurde bereits erörtert. Doch Einfachheit im Sinn von Unauffälligkeit geht über den Bereich der Klassenzugehörigkeit oder Arbeit hinaus. So wird beispielsweise von dicken oder behinderten Frauen und von Frauen aus anderen Kulturen erwartet, daß sie entweder gar nicht zu sehen sind oder sich zumindest unauffällig verhalten, indem sie zum Beispiel auf ihrem Platz sitzen bleiben oder ihren Körper hinter schwarzer oder weiter Kleidung verbergen. Frauen haben sich also durch schickliches und unaufdringliches Aussehen »anzupassen«. Dennoch sind auch dicke oder behinderte Frauen in Form von sexuellen Anmaßungen und Beleidigungen häufig vom Huren-Stigma betroffen. Eine dicke Frau erzählt: »Auf der Straße höre ich von Männern Kommentare wie: ›Ich wette, im Bett ist es mit dir wie mit zwei Frauen auf einmal – schaffst du es, daß ich zweimal hintereinander komme ... ‹« Eine behinderte Frau sagte: »Die

Leute meinen, eine behinderte Frau habe überhaupt keine sexuellen Gefühle oder Erfahrungen, und eigentlich wird das auch von uns erwartet, so als ob ein anderer Körper kein Körper oder kein Mensch sei. Gleichzeitig verhalten sich die Männer so, als täten sie dir einen Gefallen, wenn sie dich anfassen oder mit dir schlafen, selbst wenn es gegen deinen Willen ist!«

Die Kehrseite der Keuschheitsmedaille ist die Kontrolle, die über Frauen ausgeübt wird, die sich nicht dem weiblichen Ideal anpassen. Eine Frau, die schon seit ihrer Kindheit als »die Schönheit« bekannt war, erzählte, wie sie wegen ihres Aussehens entmenschlicht und sexualisiert wurde: »Ich hatte immer das Gefühl, ich müßte dankbar dafür sein, daß ich so hübsch bin, aber die Komplimente, die ich bekomme, klingen immer eher wie eine Forderung als ein Lob, so als schulde ich demjenigen einen Kuß oder Sex für das Kompliment. Anscheinend bin ich eher dazu erzogen worden, eine schöne Frau zu sein als ein Mensch.«

Zusammenfassung

Teil II hat gezeigt, wie leicht jede Frau vom Huren-Stigma getroffen werden kann. Die angebliche Unkeuschheit, die die Frauen entehrt, ist kein außergewöhnlicher oder vermeidbarer Zustand. Denn eine Vielzahl von Faktoren wird bei Frauen als Beweis für ihre Unkeuschheit gewertet. Dazu gehören die Sexualität, der rassische oder ethnische Status, die Schichtzugehörigkeit, die Mißbrauchserfahrung, Krankheiten, ein bestimmtes Verhalten, die Aufmachung oder die Autonomie. Die Prostituierten verkörpern nach den verschiedenen Begriffsbestimmungen der Unehre die prototypische Hure. Man begreift sie als Personifikation von (erwachsenem) Sex, (schwarzer) Rasse, (schmutzigem) Geld, (verdientem) Mißbrauch, (sexuell übertragbarer) Krankheit und (tabuisiertem) Wissen. Nicht-Prostituierten droht der Ehrverlust, wenn sie Ähnlichkeit mit einer Hure aufweisen. Hurenhafte Frauen bezahlen Sexualität mit Schande, für erlittene Gewalt und Krankheit wird ihnen die Schuld gegeben; und wenn sie finanzielle oder sexuelle Initiativen ergreifen, werden sie bestraft.

Auch Männer sind vom Huren-Stigma betroffen. Durch den Umgang mit angeblich unkeuschen Frauen kann die Rechtschaffenheit weißer heterosexueller Männer untergraben werden. Das ist der Grund für die männliche Angst und die Kontrolle weiblichen Verhaltens. Unterdrückte Männer werden schon allein wegen ihrer Farbe, ihrer Schichtzugehörigkeit oder Homosexualität für unkeusch gehalten. Man könnte sagen, Unkeuschheit ist ein Stigma von Frauen im allgemeinen und von unterdrückten Männern. Die herrschenden Männer werden nicht nach ihrer eigenen Unkeuschheit beurteilt, sondern nach der unkeuschen Persönlichkeit, Erfahrung oder dem unkeuschen Verhalten ihres Umgangs.

Die allgemeine Bedeutung des Huren-Stigmas wurde dargestellt. Dennoch fühlen sich nicht alle Frauen gleichermaßen kontrolliert und beurteilt. Und nicht jeder Mann nimmt den Einfluß dieser Keuschheitsnormen auf sein Leben wahr. Aber ohne Zweifel haben alle es gelernt, unkeusche Frauen zu verurteilen. Diese verinnerlichten Normen von der Schande der Hure schränken Frauen bei der Entwicklung persönlicher und politischer Strategien zu mehr Selbstbewußtsein ein. Solange Frauen entweder als schlecht oder nicht-gut-genug stigmatisiert werden, kann die Frauenbewegung eigentlich nur zu der Suche nach dem Guten hinzugezogen werden statt zum Kampf um mehr Selbstbewußtsein. Die Suche nach dem Guten setzt zwangsläufig voraus, sich von Prostituierten und anderen angeklagten Frauen zu distanzieren. Das ähnelt der Ideologie Platos, nach der das zu erreichende Ziel außerhalb der Reichweite oder der Sicht liegt. Darüber hinaus würde der Zustand der perfekten Keuschheit definitionsgemäß gesellschaftlich in jeder Hinsicht kraft- und freudlos sein. Die Heilige würde wahrscheinlich keine Arbeit, kein Verlangen und kein Geld haben. Die Hure ist das negative Gegenbild der Heiligen; sie ist auch ein Symbol, und Prostituierte sind dessen Verkörperung ebenso wie Gemälde, Gedichte oder Statuen die Verkörperung der Heiligen sind. In der Wirklichkeit sind Prostituierte Frauen wie andere auch, sie sind arbeitende Frauen, denen die Menschenrechte verwehrt werden. Wie wir gesehen haben, können jeder Frau wegen ihrer angeblichen Unkeuschheit ihre Rechte verwehrt werden. Solange das Huren-Stigma nicht an Schärfe verliert, bleibt die Integrität von Frauen gefährdet und ihre Befreiung behindert.

Schlußfolgerung

Anlaß für diese Untersuchung war die Entrüstung über den rechtlichen, gesellschaftlichen und körperlichen Mißbrauch von Prostituierten. Die Stigmatisierung von Prostituierten als Huren sollte im Mittelpunkt stehen, um die häufig nicht beachteten sozialpsychologischen Aspekte ihrer Unterdrückung zu erforschen. Zusammenfassend läßt sich sagen, daß das Huren-Stigma die unterschiedlichsten Menschen betrifft. Es handelt sich dabei um einen allgemeinen Unterdrückungsmechanismus, der benutzt wird, um Rechte zu verweigern und Mißbrauch zu rechtfertigen. Die Analyse der Unterdrückung von Prostituierten ergibt eine eindrucksvolle Fallstudie; aber ihre Unterdrückung kann nicht losgelöst von Kräften betrachtet werden, die bei der sexuellen Unterdrückung, beim Rassismus oder bei der Gewalt gegen Frauen in der Gesellschaft allgemein wirksam sind. Außerdem kann das Problem der Unterdrückung von Prostituierten nicht dadurch gelöst werden, daß anschaffende Frauen eingehend studiert oder verändert werden. Es ist wichtig, Prostituierte in Veränderungsprozesse einzubeziehen, und nicht davon auszugehen, sie verursachten die Probleme.

Zur Beseitigung des Huren-Stigmas wird eine grundsätzlich veränderte Einstellung zur Unkeuschheit in allen Gesellschaftsgruppen notwendig sein. Verbesserungsmaßnahmen mit dem Ziel, Prostituierte entweder aus der Prostitution zu »retten« oder innerhalb der Prostitution zu »beschützen«, führen eher zu einer Verstärkung des Huren-Stigmas als zu dessen Abbau. Rettungsmaßnahmen bedeuteten meistens, daß Frauen unter der Bedingung, die Prostitution aufzugeben, Rechte versprochen wurden. Damit wurde aber die Verweigerung von Rechten für noch anschaffende Frauen nicht in Frage gestellt. Schutzmaßnahmen führten fast immer zur Bestrafung von Drittpartnern wie Managern oder Hotelbesitzern und zur Bestrafung der Familie oder der Freunde und manchmal der Kunden. Das zwingt Prostituierte, in einem kriminellen Umfeld zu arbeiten, und es wird ihnen das Recht auf vertragliche Vereinbarungen und persönliche Beziehungen verwehrt. Die Hure muß jedoch in ihrer Existenzberechtigung bestätigt und nicht verfolgt beziehungsweise bestraft werden.

Der Kampf gegen die ökonomische und politische Unterdrückung von Frauen muß sich gegen die sozialpsychologischen

Prozesse richten, durch die diese Unterordnung gerechtfertigt und fortgesetzt wird. Bemühungen, die Prostitution zu entkriminalisieren, selbst wenn damit Frauen Rechte gewährt werden sollen, können leicht nach hinten losgehen und zu einer rigideren Institutionalisierung des Huren-Stigmas führen. Reglementierungssysteme wie in Nevada (USA) oder Hamburg gewährleisten Prostituierten keine Selbstbestimmung. Im Gegenteil, das Huren-Stigma wird dann nur dazu benutzt, die Einsperrung von Prostituierten hinter staatlichen Mauern zu rechtfertigen, anstatt sie – so wie es in kriminalisierenden Systemen der Fall ist – ganz aus dem Land zu treiben. Jedes Rechtssystem wird gegen die Frauen benutzt werden, solange das Huren-Stigma als soziale Kontrollmaßnahme und moralisches Urteil akzeptiert wird. Erforderlich ist eine radikale Umkehr, bei der die Menschlichkeit und Legitimität der Hure und nicht das Huren-Stigma anerkannt werden. Natürlich muß man versuchen, gerechte Prostitutionsgesetze zu erlassen und Prostituierten Rechte zu garantieren, doch gleichzeitig müssen die gesellschaftlichen Einstellungen, die diese Gerechtigkeit behindern, untersucht und verändert werden.

Dieser Bericht will Richtungen für weitere Untersuchungen und Maßnahmen aufzeigen.[49] Eine davon ist die kritische Überprüfung der normativen geschlechtsspezifischen Sozialisation. Dabei reicht es nicht aus, nur die bekannten sexuellen Rollen zu untersuchen. Insbesondere der Einfluß der geschlechtsspezifischen Sozialisation auf sexuelle Verhaltensweisen, sexuellen Mißbrauch, das Verhältnis zu Geld, Krankheit, Lust und Macht muß mit überprüft werden. Einstellungen zur Unkeuschheit werden offensichtlich schon früh im Leben geprägt. Zur Veränderung von Einstellungen ist eine andere Sozialisation erforderlich. Kindern werden Vorstellungen über »Ehefrauen«, »Mütter«, »Ehemänner«, »Väter«, »Ehe« und »Gott« durch offene Diskussionen und Bücher vermittelt. Gleichzeitig erfahren sie Auffassungen über »Huren«, »Zuhälter«, »Schwule«, »Freier«, »Prostitution« und »weibliche Autonomie« aus dem Schweigen, der Scham, dem Vorurteil und der Angst. Wie die Trennung der Schwarzen von den Weißen, der Homosexuellen von den Heterosexuellen und der Juden von den Nicht-Juden wird Unkeusches von Keuschem getrennt. Diese verzerrten Wertvorstellungen, die durch die Erziehung vermittelt wurden, müssen sorgfältig revidiert werden.

Der zweitgrößte Bereich für zukünftige Aufgaben ist die Umschulung von Erwachsenen. Hierfür sind Untersuchungen notwendig, um Strategien zu entwickeln, wie tief verwurzelte Einstellungen zur Unkeuschheit am wirksamsten verändert werden können. Während bei früheren Untersuchungen die Tätigkeit von Prostituierten meistens mit ihrer persönlichen Geschichte und ihrer Persönlichkeit erklärt wurde, verweist diese Untersuchung auf normative gesellschaftliche Verhaltensmuster. Und während bei früheren Untersuchungen Lösungen in der Umschulung von Huren gesucht wurden – manchmal nannte man es Rehabilitation, manchmal Bekehrung –, deutet diese Studie auf die Notwendigkeit einer Verhaltensänderung in der ganzen Gesellschaft hin. Wenn Prostituierte erst einmal von der Last des Huren-Stigmas befreit sind, werden sie keine Sonderprogramme zur »Rückkehr« in die Gesellschaft benötigen. Dann werden sie bereits legitime Bürgerinnen sein, mit dem gleichen Recht auf Bildung und berufliche Mobilität.

Für die obigen Veränderungsprozesse werden sowohl starke Bündnisse zwischen verschiedenen gesellschaftlichen Gruppen[50] erforderlich sein als auch die bewußte Anbindung an vielfache Befreiungskämpfe. Das Huren-Stigma ist ein in die verschiedensten Unterdrückungsformen eingebetteter Mechanismus. Der Vorwurf der Unkeuschheit dient als Rechtfertigung für die Gewalt gegen sexuell stigmatisierte Gruppen wie Frauen im allgemeinen, Prostituierte, Lesben, homosexuelle Männer und Opfer sexuellen Mißbrauchs sowie die Gewalt gegen rassisch, ethnisch und ökonomisch stigmatisierte Gruppen. Der Kampf gegen das Huren-Stigma ist darum sowohl ein Kampf gegen eine allgemeine Waffe der Herrschenden als auch gegen die besondere Unterdrückung von Prostituierten. Außerdem ist es ein Kampf um die gesellschaftliche Akzeptanz von Beziehungen zwischen historisch herrschenden Gruppen und historisch unterdrückten Gruppen. Die Stärkung der Huren ist sowohl für die Befreiung als auch für die Humanisierung der Gesellschaft erforderlich.

Anmerkungen

1 Erving Goffman, Stigma: Notes on the Management of Spoiled Identity. New Jersey: Prentice Hall, 1963, S. 167.
2 Carole S. Vance (Hrsg.), Pleasure and Danger: Exploring Female Sexuality. London: Routledge und Kegan Paul, 1984, S. 23.
3 Siehe: Kongresbundel: Mannen, Geweld, Seksualiteit. Driebergen, Akademie »De Horst«: Landelijke Werkgroep Mannenstudies, Vereniging voor Seksuologie, Interfakultaire Werkgroep Homostudies, Stichting Ondersteuning Mannenwerk, 27. April 1985. Vergleiche auch: Bert van Herk, Waarom Mannen Verkrachten. Maatschappelijke Achtergronden van Seksueel Geweld Tegen Vrouwen. Amsterdam: Meppel, 1985.
4 Allan M. Brandt, No Magic Bullet: A Social History of Veneral Disease in the United States Since 1880. New York: Oxford Universitiy Press, 1985; Ruth Rosen, The Lost Sisterhood: Prostitution in America, 1900-1918. London: The John Hopkins University Press, 1982. Judy Walkowitz, Prostitution and Victorian Society: Women, Class and the State. Cambridge: Cambridge University Press, 1980; Jeffrey Weeks, Sex, Politics, and Society: The Regulation of Sexuality Since 1800. London: Longman, 1981.
5 Siehe: Pat Maher und Abby Tallmer, The Typhold Mary Debate. In: Connection. September 1985, S. 26 f.
6 Siehe: Allan M. Brandt, No Magic Bullet. New York: Oxford University Press, 1985; Judy Walkowitz, Prostitution and Victorian Socety: Women, Class, and the State. Cambridge: Cambridge University Press, 1980; Jeffrey Weeks, Sex, Politics, and Society: The Regulation of Sexuality Since 1800. London, Longman, 1981.
7 J. Weeks, Sex, Politics, and Society ... (wie Anmerkung 6).
8 Elizabeth A. Stanko, Intimate Intrusions. Women's Experience of Male Violence. London: Routledge und Kegan Paul, 1985, S. 65.
9 Siehe: Angela Y. Davis, Women, Race and Class. New York: Random House, 1981.
10 Diese Analyse ist stark beeinflußt durch Lillian Smith, Killers of the Dream. London: W. W. Norton and Co., 1949.
11 Jean-Paul Sartre (übersetzt von George J. Becker), Anti-Semite and Jew. New York: Schocken, 1948, S. 48 f.
12 Ebenda, S. 39.
13 Die gesetzlichen Kleidervorschriften für Prostituierte in der Geschichte sind beschrieben in: Sietske Altink, Huizen von Illusies, Bordelen en Prostitutie van Middeleeuwen tot Heden. Utrecht: Veen, 1983, S. 62 f. Die gesetzlichen Kleidervorschriften für Juden zwischen dem 16. und 18. Jahrhundert werden dargestellt in: Max I. Dimont, Jews, God and History. New York: The New American Library, 1963, S. 230. Neben einer Unmenge von Vor-

schriften wurde von beiden verlangt, spitze Hüte zu tragen, und es war ihnen verboten, sich elegant zu kleiden.
14 An Huitzing, Betaalde Liefde: Prostituees in Nederland, 1850-1900. Bergen: OCTAVO, 1983, S. 75.
15 Sowohl für die Frau als auch für den Mann gibt es ein rotes Zeichen; während es den Mann jedoch positiv aufwertet, wertet es die Frau ab. Vergleiche dazu den 1850 erschienenen Roman ›The Scarlet Letter‹ von Nathaniel Hawthorne und das 1895 veröffentlichte Buch ›The Red Badge of Courage‹ von Stephen Crane.
16 Judith Lewis Herman, Father-Daughter Incest. London: Harvard University Press, 1981, S. 117.
17 Siehe: E. A. Stanko, Intimate Intrusions (wie Anmerkung 8), S. 95.
18 Siehe: Ellen Bass und Louise Thornton, I Never Told Anyone. New York: Harper and Row, 1983, S. 181.
19 Siehe: Judith Lewis Herman, Father-Daughter Incest (wie Anmerkung 16), S. 185.
20 Siehe: Ebenda; außerdem: Jeffrey Moussaiff Masson, The Assault of Truth. New York: Farrar, Straus and Giroux, 1984.
21 E. A. Stanko, Intimate Intrusions (wie Anmerkung 8), S. 30.
22 Ebenda, S. 130.
23 Eileen Evason, Hidden Violence: A Study of Battered Women in Northern Ireland. Belfast: Farset Co-operative Press, 1982, S. 33.
24 E. A. Stanko, Intimate Intrusions (wie Anmerkung 8), S. 53.
25 Ebenda, S. 48.
26 Ebenda, S. 139.
27 Es muß unbedingt erwähnt werden, daß der Ehrverlust, der durch sexuellen Mißbrauch entsteht, das Leben von Frauen seit Hunderten von Jahren beherrscht hat. In einer Untersuchung über die Prostitution in Frankreich im 15. Jahrhundert stand folgende Beschreibung: »Letztendlich waren die Folgen einer Vergewaltigung genau dieselben wie bei zweifelhaftem oder schändlichem Betragen. Das Opfer fiel fast immer in Ungnade ... selbst diejenigen, die zugunsten der Frau aussagten, hielten sie aufgrund dessen, was ihr passiert war, für verunreinigt. Sie selbst schämte sich und hielt sich für schuldig und entehrt. In dieser Hinsicht hatten ihre jugendlichen Angreifer ihr Ziel erreicht, denn die vergewaltigte Frau erkannte, daß der Abstand, der sie von der öffentlichen Prostituierten trennte, in den Augen der Menschen um sie herum und sogar in ihren eigenen sehr geschrumpft war. Wenn sie erst einmal auf einen Status der psychologischen und körperlichen Schwäche reduziert worden war, gab es für sie wenig Hoffnung, ihre Ehre wiederzugewinnen, solange sie in der Stadt blieb.« Beispiele für den Ehrverlust durch Vergewaltigung gibt es viele. In einem Fall, als ein Hausmädchen sich bei ihrer Herrin darüber beschwerte, daß

sie von drei Junggesellen angegriffen und beschimpft worden sei, wurde ihr gekündigt, denn »wenn man ihr solch schlechte Dinge vorwarf, war die Herrin nicht bereit, sie zu behalten, außer sie erhielte ausreichende Beweise, daß das Mädchen eine respektable Person oder ein freches Weibsbild sei«. Siehe: Jacques Rossiaud, Prostitution, Youth, and Society in the Towns of Southeastern France in the Fifteenth Century. In: Selections from the Annales: Economies, Societies, Civilizations, Band IV (hg. von Robert Forster und Orest Ranum). Baltimore: The John Hopkins University Press, 1978, S. 17, 41.

28 Siehe: Nel Drayer, Seksueel Geweld en Heteroseksualiteit. Den Haag: Ministerie van Sociale Zaken en Werkgelegenheid, 1984; Diana E. H. Russell, Rape in Marriage. New York: Macmillan, 1982; E. A. Stanko, Intimate Intrusions (wie Anmerkung 8).

29 Zitat von Franken van Bloemendaal, Staatsanwalt in Amsterdam; Siehe: Leidsch Dagblad, »Buitenlust«, »Officier: Verkrachting Doet Prostituee Minder«. Diemen: 9. Oktober 1985.

30 Siehe: E. Ter Mors, »Zedenpolitie. Wie de Goede Zede Wil Verdedigen is Met de Wet Gebrekkig Gewapend«. Eindscriptie Politie-Academie, 1978 (Erörterung der Untersuchung in: Nel Drayer, Seksueel Geweld en Heteroseksualiteit (wie Anmerkung 28). Entmutigende Beschreibungen fast identischer Verhaltensweisen im Mittelalter gibt: Leah Lydia Otis, Prostitution in Medieval Society, The History of an Urban Institution in Languedoc. London: The University of Chicago Press, 1985, S. 68 f.

31 So bat beispielsweise die Anklagevertreterin bei einem Vergewaltigungsprozeß in Kalifornien eine bekannte Prostituierte, während des Prozesses nicht anwesend zu sein, weil sie befürchtete, daß dadurch die Glaubwürdigkeit ihrer Mandantin vermindert wird. Die Prostituierte war eine enge Freundin der Mandantin, einer Nicht-Prostituierten, und ursprünglich von ihrer traumatisierten Freundin gebeten worden, zur emotionalen Unterstützung dabei zu sein.

32 Jacques Rossiaud, Prostitution, Youth, and Society ... (wie Anmerkung 27), S. 12.

33 Siehe Anmerkung 28 (Nel Drayer; Diana Russell). Außerdem: Diana Russell, The Politics of Rape. The Victim's Perspective. New York: Stein and Day, 1974.

34 Vergleiche dazu die Analyse über gerichtliche Einstellungen und Urteile bei 48 Vergewaltigungsprozessen in den Niederlanden von 1980-1984 in: Ed Leuw, Verkrachtingszaken voor de rechtbank: een kwalitatieve analyse van observatiegegevens. In: Tijdschrift Voor Criminologie. Boom Meppel: 27. Jg., Juli/Oktober 1985, S. 212-234. Gemäß dieser Untersuchung geht man davon aus, daß das Opfer bei einem großen Teil der Fälle nur dann »völlig unschuldig« ist (Anführungsstriche von Ed Leuw), wenn der Vergewaltiger für

»krank« (psychologisch schuldunfähig) oder »bösartig« (unmoralisch) gehalten wird. Gruppenvergewaltigungen fallen unter die Kategorie »bösartig«. In 25 % der Fälle wird der Vergewaltiger jedoch für »normal« (also für eine Art »gescheiterter Verführer«) gehalten, und dann wird beim Opfer häufig nach der Mitverantwortung geforscht. Einige holländische Anwälte behaupten auch, das Opfer sei mitverantwortlich in Vergewaltigungsfällen, die innerhalb der jeweiligen Subkultur für »normativ« gehalten werden (2 von den 48 Fällen). Die Persönlichkeitsstrukturen der Vergewaltiger und die Umstände/kulturellen Zusammenhänge scheinen Gerichtsurteile zu beeinflussen. Ed Leuw macht auf die Tatsache aufmerksam, daß es bei Gerichten in den Niederlanden – im Vergleich zu Gerichten in anderen Ländern – weitaus weniger wahrscheinlich ist, daß Vergewaltigungsopfer für mitverantwortlich erklärt werden (S. 22).

35 Siehe: Guy Hocquenghem, Niet iedereen kan in zijn bed sterven, Tegenlicht of Pasolini. Übersetzung eines Artikels aus der Libération, Paris, November 1975.

36 Wendy Hollway, I just wanted to kill a woman. Why? The Ripper and Male Sexuality. In: Feminist Review, Nr. 9, Oktober 1981, S. 33-40.

37 Vergleiche dazu: Leah Lydia Otis, Prostitution in Medieval Society ... (wie Anmerkung 30), S. 41.

38 Es muß betont werden, daß eine kleine Minderheit der Prostituierten, die nicht auf der Straße arbeiten (einschließlich der Frauen in unabhängigen Geschäften, Escort-Services, Clubs, Fenstern, Massagesalons, Bordellen etc.), intravenös drogenabhängig ist. Auf der Straße variiert die Prozentzahl von Stadt zu Stadt und von Straße zu Straße. Manchmal ist die Mehrheit der Straßenprostituierten IV-drogenabhängig, und manchmal ist nur eine kleine Minderheit, wenn überhaupt, drogenabhängig. Die HIV-Infektion wird außerdem auf dem Blutweg übertragen. Daher gehen Menschen, die Heroin *rauchen* oder immer *saubere Nadeln* benutzen, um sich Heroin oder Kokain oder andere Drogen zu injizieren, kein Risiko ein, während diejenigen, die Transfusionen mit infizierten Blutkonserven erhalten, gefährdet sind. Die Bereitstellung sauberer Nadeln für jeden, der sie braucht, und die Überprüfung von Blutkonserven sind zwei wesentliche Präventionsmaßnahmen.

39 Zur Zeit vertreten Schweden und Frankreich stark abolitionistische Positionen. Um die Jahrhundertwende waren die Niederlande auch stark an den abolitionistischen Debatten beteiligt; insbesondere Aletta Jacobs forderte die Abschaffung der Prostitution als einziges Mittel gegen Geschlechtskrankheiten.

40 Die Vereinigten Staaten sind das deutlichste Beispiel für ein prohibitionistisches System, in dem Prostituierte als Kriminelle gelten.

Die Behörden nutzen die Verhaftung und den Gefängnisaufenthalt als Gelegenheit, um unfreiwillige medizinische Untersuchungen durchzuführen, und sie behalten sich das Recht vor, kranke Prostituierte in Quarantäne zu schicken.
41 Deutschland, die Schweiz, Nevada und US-Militärstützpunkte in der Dritten Welt sind Beispiele für reglementierte Systeme. Medizinische Aufzeichnungen dienen dort nicht nur als Vermerke über den Gesundheitszustand, sondern auch als polizeiliches Register von Prostituierten. Vor 100 Jahren waren viele holländische Ärzte für die Reglementierung, doch gesundheitliche Pflichtuntersuchungen für Prostituierte erwiesen sich als erfolglos bei der Bekämpfung von Geschlechtskrankheiten und riefen bei Prostituierten und Reformern beträchtlichen Widerstand hervor. Siehe: An Huitzing, Betaalde Liefde: Prostituees in Nederland ... (wie Anmerkung 14).
42 Hierzu ein wahrlich anschauliches Beispiel: Vertreter der staatlichen Gesundheitsbehörden in den Vereinigten Staaten meldeten vor einigen Jahren die Zunahme eines Penicillin-resistenten Gonorrhö-Stammes (namens PPNG) aus Fernost. COYOTE, eine amerikanische Prostituiertengruppe, trat für eine Untersuchung der Männer ein, die von Sexreisen aus Fernost heimkehrten, um eine Übertragung dieses resistenten Trippers auf amerikanische Prostituierte zu verhindern. Diese Untersuchung wurde als ein »Angriff auf die Intimsphäre der Männer« abgelehnt. Im Anschluß daran wandten sich die öffentlichen Gesundheitsvertreter mit der Bitte an COYOTE, die amerikanischen Prostituierten sollten zur Untersuchung gehen, wenn sie sich mit PPNG angesteckt hätten. (Bericht stammt aus einem Interview mit Margo St. James, Geschäftsführerin von COYOTE)
43 Allan M. Brandt, No Magic Bullet ... (wie Anmerkung 4), S. 31 f.
44 Sietske Altink, Huizen Van Illusies: Bordelen en Prostitutie van Middeleewen tot Heden. Utrecht: Veen, 1983, S. 62.
45 Phil Berger, The New Comedians. In: The New York Times Magazine, Teil 6, Juli 1984, S. 29.
46 Lois W. Banner, American Beauty. New York: Alfred Knopf, 1983.
47 Siehe: E. A. Stanko, Intimate Intrusions ... (wie Anmerkung 8), S. 137.
48 Siehe: Inge Broverman, Donald Broverman, Frank Clarkson, Paul Rosenkrantz und Susan Vogel, Sex-Role Stereotypes and Clinical Judgments of Mental Health. In: Journal of Consulting and Clinical Psychology, Bd. 34, I. 1970, S. 1-7. Und dazu die holländische Replik: Aafke Komter, Geestelijke Gezondheid, Verschillende Maatstaven voor Vrouwen en Mannen? Een onderzoek naar Sexe Stereotypie bij Psychotherapeuten. In: Psychologie en Maatschappij, Nr. 3, Mai 1978. Bei der amerikanischen Untersuchung machten sowohl männliche als auch weibliche Therapeuten einen Unterschied zwischen gesunden Frauen und gesunden Menschen/gesunden Män-

nern, während dieser Effekt in den Niederlanden einige Jahre später nur bei männlichen Therapeuten auftrat. Ob dieses unterschiedliche Ergebnis auf kulturelle Unterschiede oder das gewachsene Bewußtsein bei Frauen Ende der siebziger Jahre zurückzuführen ist, wurde nicht festgestellt.

49 Die hier aufgeführten allgemeinen Empfehlungen wurden in einem Entwurf für ein stufenweises Forschungsprojekt beschrieben. Dieser Entwurf ist erhältlich beim Holländischen Ministerium für Soziales und Arbeit, Koordination Emanzipationspolitik, Den Haag.

50 Zur Analyse von bündnisbildenden Gruppen zwischen Schwarzen und Weißen, Juden und Nicht-Juden, Lesben und heterosexuellen Frauen siehe: Gail Pheterson, Bondgenootschap Tussen Vrouwen: Een Theoretiese en Empiriese Analyse van Onderdrukking en Bevrijding. In: Psychologie en Maatschappij. 20. September 1982, S. 399-424. Und Gail Pheterson, Alliances Between Women: Overcoming Internalized Oppression and Internalized Domination. In: Signs, Journal of Women in Culture and Society, Bd. 12, Nr. 1, Herbst 1986.

Anhang

Welt-Charta für die Rechte der Prostituierten

Internationales Komitee für die Rechte der Prostituierten
Amsterdam, Februar 1985

I. Gesetze

1. Entkriminalisierung all der Aspekte der Erwachsenenprostitution, für die sich eine Prostituierte freiwillig entschieden hat.
2. Entkriminalisierung der Prostitution und eine Regelung für Drittpartner gemäß üblicher Geschäftsbedingungen. Es muß angemerkt werden, daß die gegenwärtig bestehenden Geschäftsbedingungen den Mißbrauch von Prostituierten zulassen. Deshalb müssen spezielle Klauseln aufgenommen werden, die den Mißbrauch und die Stigmatisierung von Prostituierten (selbständig arbeitenden und anderen) verhindern.
3. Anwendung von Strafgesetzen gegen Betrug, Zwang, Gewalt, sexuellen Kindesmißbrauch, Kinderarbeit, Vergewaltigung, Rassismus überall und über nationale Grenzen hinweg, egal, ob in Verbindung mit Prostitution oder nicht.
4. Abschaffung von Gesetzen, die so interpretiert werden können, daß Prostituierten die Möglichkeit, sich zusammenzuschließen, und die Reisefreiheit im eigenen Land oder in andere Länder verweigert werden. Prostituierte haben ein Recht auf Privatleben.

II. Menschenrechte

1. Die Garantie aller Menschen- und Bürgerrechte für Prostituierte, einschließlich des Rechts auf freie Rede, freies Reisen, auf Immigration, Arbeit, Eheschließung, Mutterschaft und auf Arbeitslosenversicherung, Krankenversicherung und eine Wohnung.
2. Gewährung von Asyl für jeden, dem die Menschenrechte aufgrund eines »Statusverbrechens«, sei es die Prostitution oder die Homosexualität, verweigert werden.

III. Arbeitsbedingungen

1. Es darf kein Gesetz geben, das die systematische Kasernierung der Prostituierten voraussetzt. Prostituierte sollen die Freiheit haben, ihren Arbeitsplatz und ihren Wohnort frei zu wählen.
2. Es ist unabdingbar, daß Prostituierte ihre Dienste unter Bedingungen anbieten können, die nur von ihnen selbst bestimmt sind und von niemand anders.
3. Es soll ein Komitee geben, das den Schutz der Prostituiertenrechte sicherstellt und an das sich Prostituierte mit ihren Beschwerden wenden können. Dieses Komitee soll zusammengesetzt sein aus Prostituierten, Vertretern anderer Berufsgruppen wie Rechtsanwälte und Sympathisanten.
4. Es darf kein Gesetz geben, das sich gegen eine Vereinigung oder eine Kollektivarbeit von Prostituierten richtet; denn diese Zusammenschlüsse garantieren den Prostituierten einen hohen Grad an persönlicher Sicherheit.

IV. Gesundheitswesen

1. Alle Frauen und Männer sollen dazu angeleitet werden, sich regelmäßig auf Geschlechtskrankheiten und sexuell übertragbare Krankheiten untersuchen zu lassen.
2. Weil solche Untersuchungen in der Vergangenheit benutzt wurden, um Prostituierte zu kontrollieren und zu stigmatisieren, und weil sich erwachsene Prostituierte generell mehr als andere Personen der Wichtigkeit sexueller Gesundheit bewußt sind, sind angeordnete Untersuchungen für Prostituierte nicht akzeptabel, es sei denn, sie würden für alle sexuell aktiven Menschen angeordnet.

V. Dienstleistungen

1. Einrichtungen zur Beschaffung von Arbeit und Wohnmöglichkeiten und zur Beratung für jugendliche Ausreißer sollen geschaffen werden, um Kinderprostitution zu verhindern und das Wohlergehen und die Chancen der Kinder zu fördern.

2. Den Prostituierten sollen dieselben Sozialleistungen wie allen anderen Bürgern zustehen, je nach den Regelungen in den verschiedenen Ländern.
3. Einrichtung von Notwohnungen und Beratungsstellen für tätige Prostituierte und von Umschulungsprogrammen für Prostituierte, die den Beruf verlassen wollen.

VI. Steuern

1. Den Prostituierten oder dem Gewerbe der Prostituierten sollen keine speziellen Steuern auferlegt werden.
2. Prostituierte sollen auf der gleichen Basis wie andere unabhängige Unternehmer oder Angestellte Steuern zahlen und sollen dafür dieselben Vergünstigungen erhalten.

VII. Öffentliche Meinung

1. Es sollen Aufklärungsprogramme unterstützt werden, um gesellschaftliche Einstellungen zu ändern, die Prostituierte und Ex-Prostituierte jeder Rasse, jeden Geschlechts und jeder Nationalität stigmatisieren und diskriminieren.
2. Es sollen Aufklärungsprogramme entwickelt werden, die in der Öffentlichkeit ein Verständnis dafür schaffen, daß der Kunde in der Prostitution eine entscheidende Rolle spielt, die heute noch generell übersehen wird. Jedoch sollte der Kunde genauso wenig wie die Prostituierte kriminalisiert oder moralisch verdammt werden.

VIII. Organisation

Wir erklären unsere Solidarität mit allen ArbeiterInnen in der Sexindustrie. Organisationen von Prostituierten und Ex-Prostituierten sollen unterstützt werden, damit die Verwirklichung der obigen Charta gefördert wird.